趣说诸子百家

周建华 魏无忌 著　诗意文化 主编

湖南文艺出版社　博集天卷

·长沙·

目录

1 儒家的朋友圈

孔子："圣人"难做 /6

孟子："亚圣"难当 /28

荀子：百家"校长" /51

2 道家的朋友圈

老子：神秘隐士 /74

列子："轻功大师" /93

庄子："睡梦行者" /114

3 墨家的朋友圈

墨子：战力彪悍的"和平主义者" / 138

4 法家的朋友圈

管仲：霸主背后的男人 / 162

商鞅：秦制创始人 / 187

韩非子：身在秦营心在韩 / 215

1 儒家的朋友圈

西周末年，周幽王被犬戎杀害，都城沦陷，天子六师全军覆没。其后的数百年里，诸侯不再尊重已经实力大减的周天子，开始自相攻伐，以致战火频仍，民不聊生。在这一背景下，出现了一群饱读诗书的理想主义者，他们想要让诸侯之间停止征战，重新尊崇天子，希望用礼仪和音乐教化百姓，从而实现天下太平的愿望。这样一群人就是后世所谓的儒家弟子，以孔子、孟子、荀子等人为代表，他们各自针对自己所处的时代开出了不同的"救世良方"。只是，他们并不被列国重用。

孔子："圣人"难做

 人 物 档 案

姓名： 孔丘

字： 仲尼

后世尊称： 孔子、尼父、孔夫子、孔圣人、至圣、大成至圣先师

所处时代： 春秋末期

生卒年： 公元前 551—前 479 年

出生地： 鲁国陬邑（今山东曲阜）

祖籍： 宋国栗邑（今河南夏邑）

主要身份： 思想家、教育家、政治家

工作经历： 仓库管理员、畜牧管理员、私学教师

主要成就： 创立儒家学派，修订六经，创办私学

主要作品：《论语》

朋友圈名人：

弟子： 子路（仲由）、伯牛（冉耕）、仲弓（冉雍）、冉有（冉求）、子我（宰予）、颜回（颜渊）、子贡（端木赐）、曾子（曾参）等

国君： 鲁昭公、鲁定公、齐景公、卫灵公

1 儒家的朋友圈

孔子的先祖最远可追溯至商朝。商朝灭亡后，商朝贵族微子被周朝封为宋公，在商朝旧都商丘建立了宋国。微子死后，他的弟弟微仲继承了爵位。微仲为孔子的嫡系先祖。自微仲后，孔子的祖先便都是宋国的贵族，直到孔子的五世祖木金父因得罪政敌而被迫逃到鲁国（一说逃亡至鲁的是木金父之孙防叔）。后来，孔子的父亲叔梁纥立下战功，被封为陬邑大夫，家族在鲁国再次光大。

叔梁纥虽然光大了家族门楣，却难以延续家族的血脉——他的妻子一连生了九个孩子，全是女儿，后来他又娶了一房小妾，倒是生下了一个儿子孟皮，可孟皮腿有残疾，无法成为合格的继承人。

天子　诸侯　大夫　士人

最终,在叔梁纥已经六十多的时候,他决定"搏一把",又迎娶了年纪尚小的颜徵在,并在尼丘山祷告,最终成功生下了一个健康的孩子。为了感谢尼丘山的神灵,叔梁纥给孩子取名为孔丘,这便是孔子诞生的故事了。

孔子三岁时,父亲叔梁纥便因年迈去世了。一家人失去了顶梁柱后,家境一落千丈,孔子和他的母亲被迫过起了较为贫困的生活。孔子成年之后去给人看仓库、放牛羊,干的都是一些不太体面的工作。

有一次,鲁国贵族季孙氏大摆宴席,招待四方士人,年轻的孔子赶去参加,却被季氏的家臣阳虎拦在门外,认为他身份卑贱,没资格进去。

1 儒家的朋友圈

 叔梁纥
谢天谢地，孔家终于有后了！

孟皮：老爹，难道我是"先人"吗？呜呜呜……
颜徵在：取名为"丘"，是因为他头型帅酷，像尼丘山吗？
叔梁纥 回复 颜徵在：喀喀……是为了感谢尼丘山让我们生下此子。

【引经据典】

纥与颜氏女野合而生孔子，祷于尼丘得孔子……生而首上圩顶，故因名曰丘云。——《史记·孔子世家》

孔子
今天儿子出生，国君送了我一条锦鲤！我决定，我儿子就叫孔鲤了！

孟孙氏：哼，一条鱼而已。
叔孙氏：笑死，竟然给儿子取名叫鲤鱼。
季孙氏：还以为是谁呢，这不是给我家管仓库的那位吗？
鲁昭公：呵呵，不用客气。
亓官氏：咱儿子的照片呢？

【引经据典】

吾少也贱，故多能鄙事。——《论语·子罕》

1 儒家的朋友圈

贫困的生活并未磨灭孔子的志气，反而磨炼了他的意志。他在工作之余苦读各种书籍，积累知识，渐渐积攒起了一些名气。孔子二十岁那年，有了个儿子，鲁国国君鲁昭公竟也派人送了一条鲤鱼作为贺礼，孔子极其高兴，当即便决定给儿子取名为孔鲤，字伯鱼。

【不懂就释】

亓官氏：亓官氏即孔子正妻，为孔子生下儿子孔鲤，传言还有一女名孔姣。

三桓：孟孙氏、季孙氏、叔孙氏三家是鲁国的大贵族，他们世代掌握鲁国权柄，架空国君，引发了一系列权力斗争。因为这三家俱出自鲁桓公，因此被合称为"三桓"。

在经历十多年"半工半读"的生活后，大约三十岁那年，孔子做出了一件堪称中国教育史上开天辟地的事情——办学校！

在孔子之前的时代，知识大多通过家族传播，父亲将知识传授给儿

子，从而形成知识垄断。后来周朝创办了官方学校，却也基本只招收贵族子弟。因此，平民百姓世世代代几乎都没有读书识字的机会，直到孔子创办了历史上的第一所民办学堂，才打破了知识垄断。孔子对外宣传，只要交给他十条干肉当学费，无论是谁，他都会将知识倾囊相授。

很快，孔子家中便挤满了前来求学的四方子弟。再后来，就连不少贵族子弟也跑来孔子家求学，孔子的声望变得如日中天。

公元前517年，鲁国贵族季孙氏与另一名贵族郈（hòu）氏玩斗鸡。斗鸡过程中，郈氏给鸡套上金属爪，从而赢得了比赛，季孙氏一怒之下霸占了郈氏的田地，而郈氏闻讯后便鼓动鲁昭公铲除季孙氏。最后，这一事件竟演变成了一场内战，鲁昭公被以季孙氏为首的"三桓"势力赶出了鲁国，史称"斗鸡之变"。

孔子听说这件事后，选择追随鲁昭公，和国君一起来到了齐国。

【引经据典】

自行束脩以上，吾未尝无诲焉。——《论语·述而》

1 儒家的朋友圈

 孔子
了不得，孟孙、南宫敬叔兄弟俩要拜我为师！

冉耕：恭喜老师收得新弟子！
颜路：恭喜老师收得新弟子！
闵损：恭喜老师收得新弟子！
孟孙：家父遗命，不敢不遵！
孔子 回复 孟孙：多谢令尊厚爱，不过你们身为卿大夫，就不必行拜师礼了，随时欢迎来听课！

【不懂就释】

孟懿子（孟孙）与南宫敬叔（南宫适）是鲁国贵族世家孟孙氏的后人。孟懿子的父亲孟僖子在临终时让家中子弟拜孔子为师，向他学习礼仪。

当时齐国的君主是齐景公,他曾经到过鲁国,与孔子有过一番交谈,对孔子的才能极其欣赏,这次见孔子来到齐国,便想要赐予孔子封地,让他在齐国做官。可这一意图引起了齐国贵族的反对,于是不了了之。

后来,齐国的贵族更是私下密谋除掉孔子,孔子听到消息后便匆匆返回了鲁国。

【引经据典】

景公问政孔子,孔子曰:"君君,臣臣,父父,子子。"景公曰:"善哉!信如君不君,臣不臣,父不父,子不子,虽有粟,吾岂得而食诸!"——《史记·孔子世家》

1 儒家的朋友圈

齐鲁友谊万万年（10）

齐景公
孔丘先生，您认为对一个国家而言，最重要的事情是什么？

孔子
君主要有君主的样子，臣子要有臣子的样子，父亲要有父亲的样子，儿子要有儿子的样子。

齐景公
说得太好了！我国最近正好有些空缺的职位，先生可有意否？

晏婴
@齐景公 君上记错了，最近没有空缺职位。

齐景公
我记错了吗？

晏婴
咱们的职位要留给能帮咱们称王称霸的人，很明显，孔先生不是这样的人。

返回鲁国后,孔子继续教书授徒。他收了颜回、子贡、冉求、宰予等一大批优秀弟子,孔府呈现出一派生机勃勃的景象。

而与孔门景象形成对比的,则是当时的天下。自平王东迁以来,诸侯之间为争夺土地和财富而频繁开战,贵族之间为争权夺利也不断突破道德底线。臣子弑杀君主,儿子杀死父亲的事情时有发生,社会秩序全面崩溃,文化作品大量流失。

孔子忧心天下苍生,想要从历史中寻找能够让天下太平的方法,最终他得出了自己的理念核心,即"仁"。

所谓仁,就是爱他人,只要人人都能关心、关爱他人,世界就会变得和谐且美好。而实现仁的办法,就是礼,通过礼来约束每个人的行为,就能让所有人觉醒自己内心深处的"仁"。这一思想,成为后世儒家思想的核心。

1 儒家的朋友圈

【不懂就释】

平王东迁：西周末年，周幽王被杀，周平王即位后将国都从西部的镐京迁至东部的洛邑。此后周王室势力衰微，诸侯们不再遵从天子号令，天下进入纷乱时代。

我当年说过，莫欺少年穷。

先生请……

公元前505年，鲁国爆发内乱，季孙氏的家臣阳虎想要反叛季孙氏，引发了一场激烈的争斗。这期间，阳虎想利用孔子的名望为自己增加影响力，于是向孔子发出了出仕邀请，但被孔子拒绝。

【引经据典】

颜渊问仁。子曰："克己复礼为仁。一日克己复礼，天下归仁焉。为仁由己，而由人乎哉？" ——《论语·颜渊》

孔门教学群（108）

宰予
老师，以前您说，一个人的父母死了，要守孝三年，可我认为守孝一年不是也够了吗？

孔子
只守孝一年你会心安吗？

宰予
我心安啊。

孔子
你心安那就随你吧。唉，你真是个不仁之人啊。

颜回
老师，怎么做才算是仁呢？

孔子
克制自己的欲望，使言行符合礼仪规范。唉，如果人人都能够做到这点，那天下就太平了。

1 儒家的朋友圈

后来，阳虎失败，季孙氏的势力也受到了严重打击。鲁国新君鲁定公想要乘机削弱"三桓"的影响力，加强君主权威，于是也向孔子发出了出仕邀请。这一次，孔子没有拒绝。

五十岁左右的孔子被鲁定公任命为中都宰，后升任司空，再之后升任大司寇。蛰伏数十年的孔子，终于得以在政治上大展拳脚。

这一天，我等了三十多年。

在与齐国的夹谷会盟中，孔子成功阻止鲁公被劫，立下大功。归国后，他乘着自己风头正盛的时机，立即开始了心中的宏伟大计——"堕三都"。

三都，指鲁国三大贵族，季孙氏、叔孙氏、孟孙氏三家修建的三座城邑。因为这三座城邑都远远超出了大夫应有的规格，所以孔子要求依照周礼将其拆除。

孔子
今天陪同君上前往夹谷与齐国会盟。齐国使臣很友好，齐景公也很热情，双方达成友好互助协议，齐景公同意将郓、汶阳、龟阴三处的田地归还给我国。

鲁定公：给大司寇打 call①！

季孙氏：😭😭😭他竟然真把土地给要回来了！

齐景公：你当时说话就说话，杀我的演员干吗？

孔子 回复 齐景公：谁让他当众失礼呢。

晏婴 回复 鲁定公：请鲁君弄清重点，我国归还田地是希望与贵国一同对付晋国，与孔子没有什么关系。

①网络流行语，指加油打气。

1 儒家的朋友圈

三家的城邑一旦被拆,他们的军事实力就会大大减弱。因此,鲁定公全力支持孔子,并成功让季孙氏与叔孙氏都拆毁了自家城邑。可三桓中的孟孙氏却拒绝"自废武功",并击退了鲁定公的军队,使"堕三都"计划半途而废。

不久后,齐国为了阻止鲁国崛起,派人给鲁定公送来大批美女和乐队,使鲁定公沉迷酒色,不理国政。孔子见状心灰意冷,于是辞官而去,带着一众弟子开启了周游列国的旅程。

周游列国的行程并不顺利,孔子先抵达卫国,结果卫灵公对孔子的态度时冷时热,始终不肯起用他。而卫灵公的夫人南子生性放荡,对孔子十分好奇,曾私下与孔子会面,险些闹出绯闻。最终,洁身自好的孔子选择离开这个"好色"

孔子
天下诸侯，不知哪国能采纳我的政治主张？唉……

卫灵公：先生，到卫国来吧，我按您在鲁国的标准给您发工资！

孔子 回复 卫灵公：会让我参与政事吗？

卫灵公 回复 孔子：来了再说，我夫人南子可是您的粉丝，她也想见您呢。

子路 回复 孔子：老师，听说南子不守妇道，见不得呢！

曹伯阳：曹国就别来了，没空见您哟。

桓魋：宋国也不欢迎你，有来无回！

楚昭王：楚国欢迎你，为你开天辟地！

1 儒家的朋友圈

的国家。

　　之后，孔子又相继前往宋国、曹国、郑国、陈国、蔡国，却始终没有找到一个适合发挥自己才干的国家。这期间他还几次遇到危险，宋国的司马桓魋就曾扬言要杀了孔子，迫使孔子逃离宋国。

夫子都还活着，我哪里敢先死啊。

你怎么才来啊，我还以为你死了呢！

孔子在路过匡地时，还被当地百姓当成鲁国叛臣阳虎给关了起来，坐了五天牢后才被弟子们解救。

【引经据典】

　　孔子适郑，与弟子相失，孔子独立郭东门。郑人或谓子贡曰："东门有人……累累若丧家之狗。"——《史记·孔子世家》

孔门教学群（108）

子贡
你们看到老师了吗？

冉求
没有，老师不是跟颜回在一起吗？

颜回
怎么，又丢了？

子贡
是啊。

子路
难道老师又去找那个南子了？

子贡
我问路人，他们说东门处有个发呆的老人，像一条丧家之犬，我去找找看。

颜回

1 儒家的朋友圈

离开鲁国十余年后,六十八岁左右的孔子回到了鲁国。对政治已经心灰意冷的他,随后将余生的全部精力都放在了教育和文献整理上。

当时,西周以前的文化、历史类作品大多遗失、流散了,孔子派弟子们前往各地搜集这些作品,然后亲自编撰成书,挽救了大量文化遗产,这其中就包括被后世称为"儒家六经"的六部经书。

公元前479年,孔子在鲁国国都曲阜去世,享年七十三岁。他去世之后,弟子们根据其言行,编撰了《论语》一书。随后,孔门弟子将《论语》和六经一起带到了全国各地,四处传播孔子的教育思想和政治理念。后来,这些人被称为儒生或儒家弟子。在他们的努力下,孔子思想在中华大地上生根发芽,影响了中国两千五百多年。

 诸子日报 V：儒家代表作《论语》经典语录，摘抄送给大家：

1. 君子坦荡荡，小人长戚戚。
2. 三军可夺帅也，匹夫不可夺志也。
3. 知其不可而为之。
4. 朝闻道，夕死可矣。
5. 人而无信，不知其可也。
6. 君子成人之美，不成人之恶。
7. 君子喻于义，小人喻于利。
8. 君子和而不同，小人同而不和。
9. 何以报德？以直报怨，以德报德。
10. 己所不欲，勿施于人。

转发 10 万　　评论 1 万　　点赞 15 万

司马迁
余读孔氏书，想见其为人……孔子布衣，传十余世，学者宗之。自天子王侯，中国言六艺者折中于夫子，可谓至圣矣！

1 儒家的朋友圈

杜甫
小儿学问止《论语》。

赵普
半部《论语》治天下。

程颐
读之愈久,但觉意味深长。

李元度
《论语》所言之义理,精且粹矣。即以文论,非诸经所能及也。

辜鸿铭
半章《论语》可以振兴中国。

钱穆
《论语》自西汉以来,为中国识字人一部人人必读书。

孟子:"亚圣"难当

人 物 档 案

姓名: 孟轲

字: 子舆

后世尊称: 孟子、邹国公、亚圣

所处时代: 战国时期

生卒年: 约公元前372年—前289年

出生地: 邹国(今山东邹城)

祖籍: 鲁国郰邑(今山东省宁阳县东北)

主要身份: 思想家、哲学家、教育家、政治家

工作经历: 官员、私学教师

主要成就: 继承并发扬孔子学说

主要作品:《孟子》

朋友圈名人:
弟子: 公孙丑、万章、乐正子、景春、充虞路
国君: 魏惠王、魏襄王、齐宣王、滕文公

1 儒家的朋友圈

孟子的祖先最早可追溯至大名鼎鼎的周公姬旦，也就是西周开国君主周武王的弟弟。周武王讨灭商朝后英年早逝，姬旦受命辅佐年幼的周成王，被称作周公。周公执政期间制定了后世儒家学子无比推崇的礼仪制度。据说，孔子常在梦中向周公请教礼仪。

周公因为需要留朝辅政，便派儿子伯禽前往封地并成为鲁国的开国君主。传承到鲁桓公时，他将自己的三个儿子都分封为重要贵族，形成了季孙氏、叔孙氏、孟孙氏三家，被后世合称为三桓。鲁桓公死后，三桓把持朝政，架空君主，干了许多犯上作乱的事。孔子担任鲁国大司寇时，就曾试图削弱三桓的权力，结果却失败了。

有福同享,有难同当!

随着鲁国的衰弱,三桓的势力也逐渐衰落,孟孙氏的封地被齐国攻陷,家族成员被迫流落四方,传言其中一支来到了邹国,改称孟氏,而孟子,就是这一家族的后人。

孟子很小的时候,他的父亲便去世了,家中事务全靠母亲操持。孟子的母亲很重视教育,她为了给孟子一个良好的成长环境,曾多次搬家,精心挑选居住地,史称"孟母三迁"。

【引经据典】

齐宣公四十八年,取鲁郕。——《史记·六国年表》

1 儒家的朋友圈

孟孙氏
封地被齐国抢走了,权力被鲁君剥夺了,一大家人没了生计,眼瞅着就要解体了,求收留啊。

齐宣公:滚滚滚!

鲁穆公:滚滚滚!

叔孙氏:我家的情况你也知道,实在是……

季孙氏:我家也没余粮啊。

孟子长大些后,他的母亲便靠织布卖钱,供他去上学。当时,儒家学说风靡天下,孔子的徒子徒孙效仿孔子四处开办私学,给了许多平民百姓上学的机会。少年孟子便成了一名儒学弟子,他的老师据说是孔子之孙孔伋(一说是其弟子)。

学习过程中,孟子一度骄傲自满,掌握了一丁点知识便告别老师,回家休息了。他的母亲见状便当着他的面,将自己织了一半的布割断,告诉他做事不能半途而废。受母亲的激励,孟子幡然醒悟,从此发奋读书,很快就成为天下闻名的儒学大师。

【引经据典】

孟子之少也,既学而归,孟母方绩,问曰:"学所至矣?"孟子曰:"自若也。"孟母以刀断其织……孟子惧,旦夕勤学不息,师事子思,遂成天下之名儒。——《列女传》

1 儒家的朋友圈

 孟母
搬到新家了,附近有一所著名学宫(虽然我儿子没有上学的资格),很适合孩子成长。

王屠户:不过之前在市场住得好好的,干吗搬走呢?

孟母 回复 王屠户:孩子在市场上学人缺斤少两、讨价还价,我觉得这对他不好。

棺材铺老板:你们不在墓地附近住了?

孟母 回复 棺材铺老板:孩子怎么能住在墓地附近呢!

村长:没上学的资格还非得住学区房,想不明白。

孟母 回复 村长:哪怕能经常和那些有学问的人聊聊天,都是好的。

孟子学成后，开始效仿孔子周游列国，以增长见闻。此时的天下与孔子时代已大不相同，孔子曾经到过的陈国、蔡国、郑国都已不复存在，天下七个实力强大的国家互相争霸，十几个小国在大国的夹缝中艰难生存。由于诸侯国之间的战争极其频繁，后世将这一时代称作"战国"。

在外游历期间，孟子看到了战争与权贵剥削给百姓造成的苦难：田野间无人收葬的骸骨上飘荡着无数冤魂，宫殿内衣冠楚楚的贵族前摆放着山珍海味，农民们辛劳一生却食不果腹，王侯们整日荒淫却享尽荣华……

这个荒唐的时代令孟子感到愤怒，而愤怒过后，却也激发了他对孔子学说的反思。

1 儒家的朋友圈

孟子
厨房里有肥肉，马厩里有肥马，百姓脸上有饥饿的神色，野外路旁有饿死的人。这简直是率领野兽来吃人啊！

齐威王：太可恶了，在我们齐国就不会有这样的事。

魏惠王：太可恶了，在我们魏国就不会有这样的事。

楚威王：太可恶了，在我们楚国就不会有这样的事。

宋康王：太可恶了，在我们宋国就不会有这样的事。

滕文公：太可恶了，在我们滕国就不会有这样的事。

孟子：@滕文公 @宋康王 @楚威王 @魏惠王 @齐威王 我在你们的国家都见到了这样的事。

在孔子的观念中，想要天下太平，只需唤醒人们心中的"仁"即可。而仁，就是对他人的爱，只要让世界充满爱，每个人都会过上美好的生活。

这套理论，在见证了无数惨剧后的孟子看来，已经不足以救世了。在多年的游历生涯中，孟子逐渐在孔子的思想基础上，形成了新的理论，那就是——世界不只需要仁，还需要义！

所谓义，就是每个人心中潜藏的正义感。孟子认为，如果君主的行为顺应了百姓心中的这份正义感，那么这位君主就将战无不胜，随后一统天下，开启如上古时期尧帝、舜帝那样的万古伟业！

在列国间周游多年后，孟子率领着门下弟子来到魏国，准备正式向魏惠王宣传自己的治国理念。

1 儒家的朋友圈

儒家授业群 2.0（80）

景春
老师，请问什么样的人是大丈夫？

孟子
获得富贵时，能做到不放纵；自身贫贱时，能做到不动摇；面对暴力时，能做到不屈服。这样的人就是大丈夫！

公孙丑
那么老师，什么样的人算得上王者？

孟子
让贤士能够发挥才干，让商人能够繁荣市场，让农民能够安居乐业，让旅人能够免于杂税，让天下人都能够乐于为他效力。能实现这五点的人，就能成为天下的王者！

【引经据典】

富贵不能淫，贫贱不能移，威武不能屈，此之谓大丈夫。——《孟子·滕文公章句下》

趣说诸子百家

魏国曾是战国初期的强国，它处于列国中央，强盛时可以四面出击，可衰弱后便立刻陷入四面受敌的困境。孟子来到魏国时，魏国正好处于被新崛起的秦、齐等国东西夹击的窘境中，魏惠王急于寻找一位能够帮助他摆脱困局的人，而孟子便乘机献上了自己的"儒家理论2.0版"。

先生来魏国，能给我带来什么好处？

不要跟我谈好处，我只能跟你谈仁义！

孟子在魏国期间，不断向魏惠王灌输要善待百姓、争取民心、减轻剥削的思想，可此时的魏惠王一心想着尽快富国强兵，好向秦、齐等国复仇。因此，二人常常不欢而散。

带上它，你就能战无不胜！

你当我是傻子吗？

1 儒家的朋友圈

不久后，魏惠王去世，其子魏襄王即位，孟子对他的印象极差，便带着弟子离开了魏国。

魏襄王
在此郑重悼念我的父王，他已于昨日去世。同时，由于国不可一日无君，本王于今日正式登基，请大家多多支持。

孟子：唉，可惜……

魏襄王 回复 孟子：嘿，先生刚好在，请教一下，您觉得这天下最后会变成什么样？

孟子 回复 魏襄王：天下最后会被统一。

魏襄王 回复 孟子：谁能统一天下？

孟子 回复 魏襄王：不嗜杀的人能够统一天下。

魏襄王 回复 孟子：那先生觉得寡人怎么样？

孟子 回复 魏襄王：望之不似人君。

趣说诸子百家

离开魏国后,孟子一路辗转来到齐国。此时的齐国与魏国情况不同,正处在国富力强的时期,时任君主齐宣王也是一位较为贤明的君主,愿意听取各种各样的意见。孟子在齐国受到了很高的礼遇,并被任命为客卿。

先生笑纳。

齐宣王的友善行为给了孟子一种错觉,让他以为自己终于遇到能够践行自己理想的明主了,于是他在向齐宣王阐述自己的仁义思想时变得更加激进,甚至公开提出,一旦君主失去仁义,国民就可以光明正大地推翻他!

因而,孟子的这些言论也时常让身为君主的齐宣王陷入尴尬境地。

【引经据典】

民为贵,社稷次之,君为轻。——《孟子·尽心章句下》

1 儒家的朋友圈

大齐天下无敌（20）

孟子
如果一个人违背了和朋友的约定该怎么办？

齐宣王
和他绝交！

孟子
如果一名老师没能教好学生该怎么办？

齐宣王
让他滚蛋！

孟子
如果一位君主没能治理好国家该怎么办？

齐宣王
谈谈别的吧。有人说武王伐纣是弑君，先生怎么看？

孟子
我只听说武王杀死了一个叫纣的独夫，没听说他弑君啊。

趣说诸子百家

约公元前318年,齐国北部的燕国发生内乱。燕王哙效仿当年尧舜禅让的举动,将王位禅让给了相邦子之。燕国的太子平不服,起兵叛乱,与子之的部队互相攻伐,史称子之之乱。

> 国家就托付给你了。

> 你就放心吧!

齐宣王乘机发兵攻打燕国,据说仅用五十天就几乎占领了燕国全境。随后,齐军在燕国境内烧杀掳掠,无恶不作,引起了燕地百姓的反抗。齐宣王见形势不稳,便向孟子请求应对办法。

> 燕国百姓造反,这怎么办啊?

> 早告诉你要施行仁义,你不听!

1 儒家的朋友圈

【引经据典】

闻诛一夫纣矣,未闻弑君也。——《孟子·梁惠王章句下》

孟子劝齐宣王将齐军撤出燕国。然而,齐宣王舍不得放弃燕地。不久后,燕国反抗军在各国的帮助下击败了齐军主力,齐军狼狈撤回国内。

孟子意识到,齐宣王并没有打算真正推行自己的仁义主张,与齐宣王的关系开始出现裂痕。

据传齐军在燕国战败不久,孟子便向齐宣王请求辞官。齐宣王为了挽留孟子,提出要为孟子修建一座豪宅,并重用他的弟子。孟子听后反而更加生气了,认为齐宣王根本不打算采用自己的主张,只是想拿自己当招牌以招揽人才,于是坚持辞官了。

大齐天下（20）

齐宣王
燕地百姓果然造反了，寡人真是无颜面见孟子啊。

陈贾
这件事也不能全怪大王。当年周公辅政时，也有人造反啊。

陈贾
圣人都会犯错，大王又何必感到惭愧呢？@孟子 先生您说是不是？

孟子
当年的情况和现在不一样。当年的君子，错了就立刻改正；如今的"君子"错了之后非但没打算改正，反而有人跳出来帮他找借口。

【引经据典】

且古之君子，过则改之；今之君子，过则顺之。古之君子，其过也，如日月之食，民皆见之；及其更也，民皆仰之。今之君子，岂徒顺之，又从为之辞。——《孟子·公孙丑章句下》

1 儒家的朋友圈

传言辞官后，孟子还在一个叫昼的地方等待了三天，内心仍然期盼齐宣王派人前来追回他，向他认错，并真正施行他的仁义主张。可直到孟子再度启程，都没等来追回他的人。

> 他会来吗？不会吗？会吗……

齐宣王的决绝彻底浇灭了孟子心中的最后一份期望，正如他自己说过的，如果君主不重视臣子，那臣子也没有必要再留恋君主了。

【引经据典】

> 君之视臣如手足，则臣视君如腹心；君之视臣如犬马，则臣视君如国人；君之视臣如土芥，则臣视君如寇雠。——《孟子·离娄章句下》

趣说诸子百家

孟子
恢复自由身，开启新天地。

齐宣王：慢走，不送。

充虞路：老师，我看您的表情，您好像不太高兴。

孟子 回复 充虞路：我曾经以为，天下每五百年就会出现一位拯救苍生的王者。如今天下大乱已经超过了五百年，除了我，还有谁能拯救苍生呢？可为何我一直都这么不顺呢？难道上天不希望天下太平吗？

【引经据典】

夫天未欲平治天下也；如欲平治天下，当今之世，舍我其谁也！——《孟子·公孙丑章句下》

1 儒家的朋友圈

离开齐国后，孟子又先后前往宋国和鲁国，但也未能实现自己的理想。于是，对政治心灰意冷的孟子再次走起了孔子的老路，回到邹国，一心教育弟子，并与弟子们一同将自己的往昔言论编撰为《孟子》一书。

> 能够教育英才，著书立说，也是一种快乐。

公元前 289 年，孟子病逝，享年八十三岁。

自孔子去世后，道家、法家、墨家思想相继崛起，儒家思想一度式微，直至孟子的横空出世，才极大地振奋了儒家学派的士气。尽管孟子生前未能说服任何一位大国君主采纳自己的思想，但他那以民为本、民贵君轻的核心思想随着时代的变迁而显得越发珍贵。两千年后，"人人生而平等"的口号提出，与孟子的思想竟无比接近。

趣说
诸子百家

后世儒生大多将孟子视为儒家学派中仅次于孔子的伟大人物。元朝时，孟子被统治阶级追封为亚圣公，有仅次于衍圣公孔子之意。自此，孔子、孟子便一同以圣人之名，流传万世了。

【引经据典】

父母俱存，兄弟无故，一乐也；仰不愧于天，俯不怍于人，二乐也；得天下英才而教育之，三乐也。——《孟子·尽心章句上》

1 儒家的朋友圈

诸子日报 V：儒家代表作《孟子》经典语录，摘抄送给大家：

1. 生亦我所欲也，义亦我所欲也；二者不可得兼，舍生而取义者也。
2. 天将降大任于是人也，必先苦其心志，劳其筋骨，饿其体肤，空乏其身，行拂乱其所为，所以动心忍性，曾益其所不能。
3. 天时不如地利，地利不如人和。
4. 穷则独善其身，达则兼善天下。
5. 生于忧患而死于安乐。
6. 老吾老以及人之老，幼吾幼以及人之幼。

转发 10 万　　评论 1 万　　点赞 15 万

司马迁
余读《孟子书》，至梁惠王问"何以利吾国"，未尝不废书而叹也。

班固
自孔子后，缀文之士众矣，唯孟轲、孙况、董仲舒、司马迁、刘向、杨雄。此数公者，皆博物洽闻，通达古今，其言有补于世。

韩愈
孟轲好辩，孔道以明。

程颐
周公没，圣人之道不行；孟轲死，圣人之学不传。

朱熹
真可谓命世亚圣之才。

毛泽东
吾之意与孟子所论浩然之气及大丈夫两章之意，大略相同。

荀子：百家"校长"

人物档案

姓名：荀况

字：卿

后世尊称：荀子、兰陵伯

所处时代：战国晚期

生卒年：约公元前 313 年—前 238 年

出生地：似为赵国邯郸（今河北邯郸）

祖籍：似为晋国绛邑（今山西新绛）

主要身份：思想家、哲学家、教育家

工作经历：稷下学宫"校长"、兰陵县县令

主要成就：弘扬孔子学说，主持稷下学宫，教育法家门徒

主要作品：《荀子》

朋友圈名人：
弟子：韩非、李斯、张苍、陈嚣
国君：赵孝成王、楚考烈王、秦昭襄王

趣说诸子百家

约公元前678年,晋国吞并了一个叫荀国的小国,随后将这片土地分封给了大夫原黯,原黯根据当时的传统,以封地为氏,改名为荀黯(又被称作荀息,为晋献公谋划了著名的"假途灭虢"之战),他便是荀子的祖先。

> 从这里开始,开创家族荣光!

作为晋国贵族的荀氏家族从此在晋国生根发芽,并发展出知氏与中行氏两个分支,与韩、魏、赵、范四氏合称"晋国六卿"。后来,韩、魏、赵三家分晋后,为了躲避政治迫害,中行氏与知氏家族残余子孙大多改回了荀氏,以士人和庶民的身份游走于列国之间。

公元前313年左右,荀子就出生在位于赵国的一个没落的荀氏家庭。

> 唉,辛辛苦苦几百年,一朝回到解放前。

1 儒家的朋友圈

荀父
看看这片土地，当年都是咱老荀家的，晋国六卿，咱荀家就占了俩。

赵武灵王：老荀家？我大赵国哪里来的老荀家？

韩宣惠王：晋国六卿？这都多少年前的老皇历了！

魏襄王：是啊，哪儿来的臭要饭的？

【引经据典】

晋有荀林父，主庚。裔荀况也。——《元和姓纂》

荀子出生的年代属于战国中后期，此时的孟子已经垂垂老矣，天下局势相比之前也大有不同，那些战国早期还能够保持独立的国家几乎全部灭亡了，而战国七雄之中，也逐渐形成了秦国一家独大的态势，其余六国常常要联合起来才能与之对抗。

而在列国争霸的背景下，各学派的思想理论发展也已趋于完善，信奉道家、法家、兵家、名家、纵横家、阴阳家思想的诸子得以踏入政坛，在乱世之中践行自己的主张，后世将这一现象称作"百家争鸣"。

在这种环境中成长起来的荀子很早就受到了各家各派思想的熏陶，他在齐国游学期间，年纪轻轻便获得了齐国著名学府稷下学宫的"录取通知书"。

1 儒家的朋友圈

齐湣王
稷下学宫扩招了，一经录用，立刻发放全额奖学金！

淳于髡：大力支持稷下学宫扩招！

邹奭：扩招干吗啊，招些没本事的人进来混吃混喝吗？

邹衍：长江后浪推前浪啊。

荀子：请问，学宫包吃住吗？

齐湣王 回复 荀子：不光包吃住，还有五险一金呢！

荀子 回复 齐湣王：我报名！

【引经据典】

齐宣王立稷下之宫，设大夫之号，招致贤人而尊宠之。——《中论·亡国篇》

趣说诸子百家

稷下学宫是齐国斥巨资修建的一所大型学校，对外邀请天下名士前往学宫讲学，并从中挑选人才在齐国做官。战国时期，稷下学宫涌现过包括孟子、慎到、邹衍、接子在内的大批优秀人才。

大约在公元前298年，年仅十五岁的荀子凭借出众的才华，获得了进入稷下学宫进修的资格。

当时的稷下学宫内，最受欢迎的"明星"有三位，分别是阴阳家代表人物邹衍、邹奭和杂家代表人物淳于髡。阴阳家提倡天命说，认为人世间的战争和平、王朝更替都自有天意，而杂家更务实，不注重理论，只讲究做事。这两种思想都对当时包括荀子在内的稷下学子产生了极大的影响。

1 儒家的朋友圈

荀子
今天听完邹衍和淳于髡两位老师的讲座，感觉受益匪浅。

> 一切自有天意。
>
> 把事做好最重要！

邹衍：小伙子，我看你骨骼清奇，要不要和我一起学习阴阳学说？

淳于髡 回复 邹衍：你别把人家带坏了，跟我走才是正道。

荀子：谢谢两位老师的关心，不过认真思考后，我认为孔子的思想才是正道。

邹衍 回复 荀子：啥，你信孔老二那套空话？

淳于髡 回复 荀子：唉，多好的苗子，可惜了。

在稷下学宫进修的日子里，荀子得以接触百家思想。而在众多思想学说中，荀子最中意孔子的学说，但和其他儒家学子不同的是，他在推崇孔子学说的同时，却极其反对儒学前辈孟子的学说，同时他的儒学思想中还依稀可见许多其他

趣说诸子百家

学派的思想底蕴。

　　荀子与孟子思想最大的区别就在对人类天性的认知上。孟子认为人的天性是善良的，只需要稍加引导就能成为一个好人。荀子则认为，人的天性是邪恶的，所以必须通过后天教化才能变成一个好人。

　　因此，在"性恶论"的基础上，荀子将孔子学生与其他学派的部分思想融合，逐渐形成了属于自己的"儒家理论3.0"版。

【引经据典】

人之性恶明矣，其善者伪也。——《荀子·性恶》

1 儒家的朋友圈

穿越时空的儒家（500）

孟子
人之初，性本善。

荀子
人如果天生善良，那还要礼义做什么呢？

孟子
人的天性是善良的，但会因为后天的经历而变得邪恶，所以需要礼义来守护这份善良。

荀子
如果没有礼义，人就会变得邪恶，这恰恰说明人的天性就是邪恶的。

孟子
可人会主动去学习礼义，这就代表人的天性依然是善良的。

荀子
天性是不会因为后天的学习而改变的，哪怕一个人能通过学习礼义变得善良，他的天性仍然是邪恶的！

趣说诸子百家

公元前284年，天下发生了一件大事，即著名的"五国伐齐"事件。事情的起因是齐国君主齐湣王先出兵灭宋，又击败楚国，西侵三晋，引发了诸侯国的敌视，于是秦、韩、赵、魏、燕五国组成联军讨伐齐国，打得齐国险些亡国。

你们几个一起上吧，我要打十个！

包括荀子在内的许多稷下学宫学子在此前都劝谏齐湣王小心，但齐湣王不听，于是预料到大事不好的荀子等人提前逃离了齐国，躲过了这场灾难。

离开齐国的这段时间，荀子开始效仿儒家前辈，周游列国。在这段旅途中，令荀子感到收获最大的地方，便是孔子和孟子都没踏足过的土地——秦国。

1 儒家的朋友圈

荀子
流浪啊流浪，何处是故乡？

燕昭王：这不是荀子大师吗？来燕国坐坐？寡人的黄金台可是恭候已久啊。

赵惠文王：先生要不要回故乡看看？宁恋本乡一捻土，莫爱他乡万两金啊。

楚顷襄王：荀子是谁？不熟。

秦昭襄王：秦国上百年来从未有过儒者，若荀子大师能来秦国，则寡人三生有幸。

荀子 回复 秦昭襄王：上百年来都未曾有过儒者？那我就试试成为秦国的第一位儒生吧。

【引经据典】

及愍王，奋二世之余烈，南举楚、淮，北并巨宋，苞十二国，西摧三晋，却强秦……矜功不休，百姓不堪。诸儒谏不从，各分散，慎到、捷子亡去，田骈如薛，而孙卿适楚。——《盐铁论·论儒》

趣说诸子百家

自公元前359年（一说前356年）开启商鞅变法以后，秦国在上百年的时间里国力日渐提升，在与其他诸侯的战斗中胜多败少，历代国君皆有一统天下之志。然而，秦国自实施商鞅变法后便只重视军功，不重视文化发展，被其他国家称作"虎狼之国"，一百多年来几乎没有任何儒生涉足这片土地。

大约在公元前266年，怀揣对秦国这一"神秘"国度的憧憬，荀子成了第一位涉足秦国的儒学大师。

在秦国各地游历一番后，荀子惊讶地发现，秦国并非传闻中那么可怕，境内法度严明、民风淳朴，人人奉公守法，政务高效廉洁。这一切都给荀子留下了极其深刻的印象，并极大地影响了他日后的思想倾向。

1 儒家的朋友圈

欢迎荀子大师入秦（5）

范睢
先生在秦国的这些天有什么见闻吗？

荀子
秦国的政务、民风令我大开眼界，当真是处处都好，唯独缺少了儒生。

范睢
哈哈哈，我们秦国根本就不需要儒生。

荀子
不不不，儒生很重要。秦国没有儒生，百姓缺少礼义，做事情纯粹出于功利心，长此以往，是会出大问题的！

范睢
呵呵，先生多虑了。

【不懂就释】

> 范雎：秦国丞相，曾提出远交近攻的战略，助秦昭襄王称霸列国。

> 则其殆无儒邪！故曰："粹而王，驳而霸，无一焉而亡。"此亦秦之所短也。——《荀子·强国》

秦国自商鞅变法之后便信奉严刑峻法，这种做法恰恰是被历代儒家学子唾弃的。在秦国的所见所闻令荀子发现，严刑峻法之下一样可以出现相对太平、安宁的景象，这让他对曾经信奉的一些理论产生了怀疑。这种质疑后来也影响了他所收的弟子，如韩非、李斯、张苍等人。

1 儒家的朋友圈

> 我们大王想买您的课程。

离开秦国后，荀子又在列国之间周游了许久，其间还回过他的家乡赵国。

赵国曾经是北方强国，赵武灵王在国内推行"胡服骑射"，极大地增强了赵军的战斗力。可是，爆发于公元前260年左右的长平之战摧毁了赵国的努力，在这场秦赵之战中，赵国四十万大军全军覆没，从此一蹶不振，赵孝成王急于寻找能帮自己度过亡国危机的人，于是请来了荀子。

【不懂就释】

胡服骑射：指赵国时期，赵武灵王让国人改穿胡人的轻便服装，练习骑马、射箭一事。

趣说诸子百家

荀子
当今天下，魏军的战斗力强于齐军，而秦军又强于魏军。

> **赵孝成王**：请问世上还有比秦军更强的军队吗？
>
> **荀子**：有，那就是仁义！
>
> **陈嚣 回复 荀子**：老师，军事和仁义有什么关系？
>
> **荀子 回复 陈嚣**：仁义是用兵的最高境界，你不懂。
>
> **李斯 回复 荀子**：可是老师，秦军不讲仁义，却屡战屡胜。
>
> **荀子 回复 李斯**：秦国的这套继续搞下去，迟早出乱子，你就看着吧。

【引经据典】

故齐之技击不可以遇魏氏之武卒，魏氏之武卒不可以遇秦之锐士，秦之锐士不可以当桓、文之节制，桓、文之节制不可以敌汤、武之仁义。——《荀子·议兵》

1 儒家的朋友圈

齐国大败于五国联军后，几乎不再参与诸侯之间的战争了，专心休养生息。经过十多年的恢复后，稷下学宫再度开启，而荀子也在离开赵国后不久收到了稷下学宫的"返聘信"。

此时的稷下学宫由于重新开办，内部人才凋敝，缺少学术大师坐镇，因此荀子回到学宫后便被任命为祭酒，类似"校长"一职。时隔数十年，曾经的少年天才，如今已白发苍苍，成了指引后人的明灯。

人性本恶！

然而荀子的"校长"宝座坐得并不安稳，不断有小人在齐国君主齐襄王面前进谗言，以至于荀子三次被罢免，又三次被起用。感到自己无法安心讲学的荀子最终选择带着弟子们永远离开这一学术圣地。

趣说诸子百家

荀子
再见了，稷下。

齐襄王：先生怎么走了？

韩非 回复 齐襄王：大王明知故问。

齐襄王 回复 韩非：寡人真不知情。

李斯 回复 齐襄王：大王若不知情，那请问是谁三次罢免了老师的祭酒一职？

齐襄王 回复 李斯：就算是寡人一时不察，诸位就不能大度些吗？

张苍 回复 齐襄王：若是大王被人罢免，也大度得起来吗？己所不欲，勿施于人！

荀子 回复 齐襄王：多说无益，就此拜别。

1 儒家的朋友圈

离开齐国后，荀子带着弟子们前往南方大国楚国。当时的楚国令尹是战国四君子之一的春申君黄歇，他热情接待了荀子，并任命他为兰陵县县令。此后，荀子就在兰陵定居了，做着和孔子、孟子晚年相同的事情，教育弟子，编撰书稿，直至去世。

荀子是战国末期儒家学派的最后一位大师，他在孔子思想的基础上，兼容了部分法家、道家等其他学派的思想，是儒家先贤中一位非常独特的人物。

受荀子思想的影响，他的三位弟子韩非、李斯和张苍的思想都更加倾向于法家而非儒家。荀子死后，韩非成了法家思想的集大成者，李斯和张苍则分别辅佐秦始皇和汉高祖一

统天下，成为秦、汉两朝的丞相。

然而，正因为荀子的思想与法家过于接近，培养的弟子也成了法家的代表人物，再加上他对孟子的批判，导致后世的儒生对他进行了激烈的批判。

1 儒家的朋友圈

诸子日报 V：儒家代表作《荀子》经典语录，摘抄送给大家：

1. 青，取之于蓝，而青于蓝；冰，水为之，而寒于水。
2. 鸟穷则啄，兽穷则攫，人穷则诈。
3. 相形不如论心，论心不如择术。
4. 天行有常，不为尧存，不为桀亡。
5. 是谓是非谓非曰直。
6. 锲而舍之，朽木不折；锲而不舍，金石可镂。
7. 君者，舟也；庶人者，水也。水则载舟，水则覆舟。

转发 10 万　　评论 1 万　　点赞 15 万

王充
夫孙卿之言，未为得实。然而性恶之言，有缘也。

苏轼
荀卿者，喜为异说而不让，敢为高论而不顾者也。其言愚人之所惊，小人之所喜也。

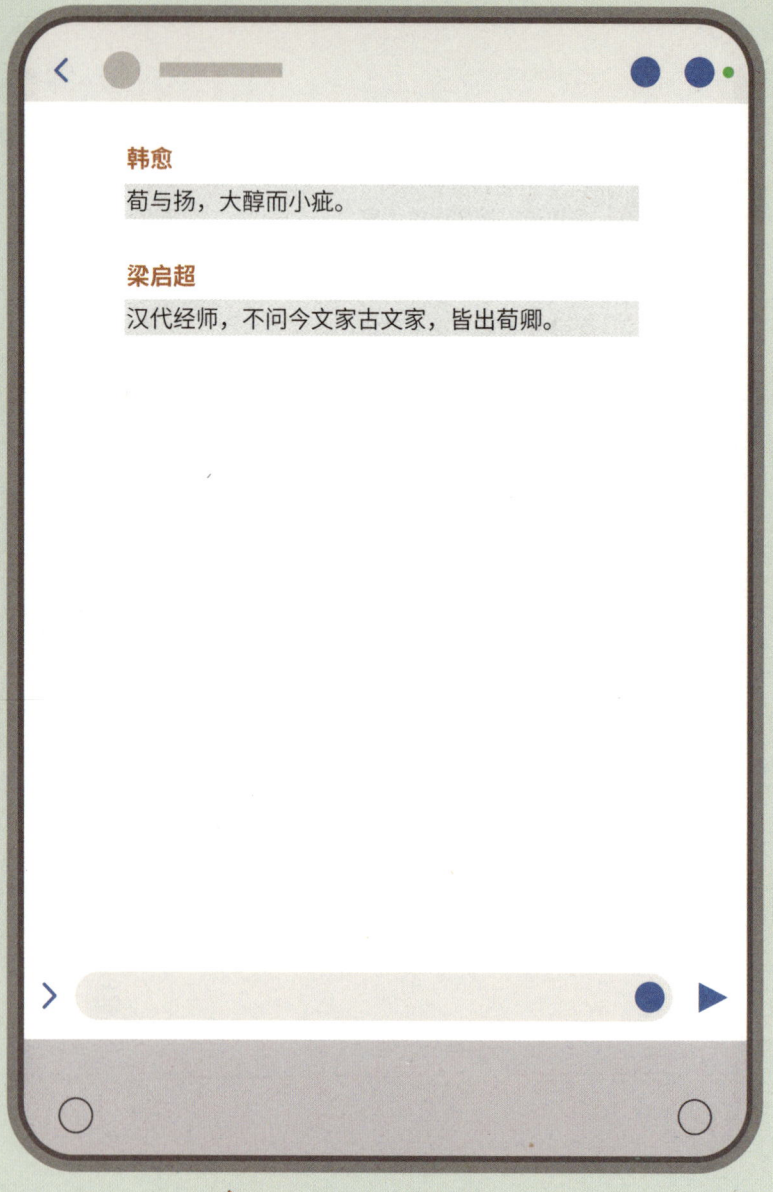

韩愈

荀与扬,大醇而小疵。

梁启超

汉代经师,不问今文家古文家,皆出荀卿。

2 道家的朋友圈

　　春秋战国是一个诸侯混战的时代，同时也是一个名利至上、人心浮躁的时代。在这一时期，每一位才学之士都急于表现自己的能力，以求获得君王的青睐，登上名利的殿堂。而就在这样一个大争之世中，却有一群人选择了远离名利场，归隐于山林之间，他们被后世称作道家门徒。道家以老子、庄子、列子为代表，他们之中的大多数人都常隐居于山野，过着清贫的生活，有着超越常人的远见卓识，却始终对权力与名利充满不屑。他们是中国隐士文化的起源，也是本土道教的前身。

老子：神秘隐士

人物档案

姓名：李耳

字：聃、伯阳

后世尊称：老子、道德天尊、太上老君

所处时代：春秋时期

生卒年：不详

出生地：楚国苦县（今河南鹿邑东）

主要身份：思想家、哲学家、教育家

工作经历：图书馆馆长

主要成就：道家学派创始人和主要代表人物，提出"道法自然""无为而治"和"辩证法"等思想

主要作品：《道德经》

朋友圈名人：
老师：商容
弟子：尹喜、庚桑楚、阳子居、柏矩

2 道家的朋友圈

老莱子　李耳　太史儋

老子是诸子百家中最为神秘的一个人物，有关他的身份谁也说不清楚。后世对老子的身份大致有三种主流猜想：出生于苦县的东周守藏室之史（图书馆馆长）李耳、楚国思想家老莱子、东周的太史儋。

根据传说，李耳的父亲李乾是春秋时期效力于周天子的一名下层官吏，而李耳出生时因为耳朵极大，故被取名为"耳"。

当代主流观点也认为，李耳就是老子。至于老莱子和太史儋则有可能是不同地方的人对老子的不同称呼。

【不懂就释】

李耳被后人称作"老子"而非"李子"，一种说法是老子出生时便显得年老，因此被称作老人；另一种说法则是老子原本姓老，因为春秋时期"老"和"李"的发音接近，故而被后世讹传姓李。

趣说诸子百家

李乾
喜得麟儿！小家伙头大身子小，眉宽耳朵阔，就叫李耳吧！

邻居王四：恭喜老李！啧啧！看这漫天的紫气！你家这是圣人降世吧！

老婆：老公，咱儿子咋这么丑啊？呜呜呜，都是遗传了你！

同乡张老大：恭喜老李！名字起得这么草率吗？哈哈。

李乾 回复 邻居王四：谢你吉言！

李乾 回复 老婆：你懂啥，看这一派祥瑞之气，咱儿子这是福相！

李乾 回复 同乡张老大：我家娃不一般，这叫个性。

2 道家的朋友圈

老子自幼聪慧好学，且对大自然中的一切事物都充满了好奇心，经常缠着家人询问各种各样的问题。没几年，家人便无力解答老子所提出的各种问题了。

为了满足老子的求知欲，据说他的家人请来了一位精通天文地理的老先生商容来做他的老师。在商容的教导下，老子学习了大量有关国家兴衰、祭祀占卜、观星测象方面的知识。

时光飞逝，老子在商容的教导下迅速成长为一名博学的青年。而商容也发现，自己已经无法满足老子那无穷无尽的求知欲了，转而将老子推荐给了自己的师兄，即洛阳的一位太学博士，让老子在此处继续深造。

趣说诸子百家

老子
学习使我快乐！向周都出发！

老妈：儿子，一定要照顾好自己啊！
😭😭😭

老爸 回复 老妈：咱们儿子相当于免试进入国家最高学府了，你就偷着乐吧。

太学博士：欢迎新同学！

老子 回复 太学博士：老师好！

商容 回复 太学博士：人我就交给你了啊。

太学博士 回复 商容：我办事你放心。

2 道家的朋友圈

洛阳是当时周天子的首都。尽管春秋时期各路诸侯已经不太听从周天子的命令了，但还没有一支军队敢于向洛阳发动攻击。因此，洛阳可以称得上当时全天下最安全的区域。

正因为安全，所以洛阳城内汇聚了当时全天下最丰富的书籍，老子在拜见太学博士后，便开始如饥似渴地研读太学内的各种书籍。夏、商、周三代人所积累的文化知识让老子的精神生活获得了极大的满足。

不久，经博士的推荐，老子获得了朝廷"编制"，成了为周天子效力的一名守藏室之史，即洛阳的图书管理员。

【引经据典】

孔子谓南宫敬叔曰："吾闻老聃博古知今，通礼乐之原，明道德之归，则吾师也。今将往矣。"对曰："谨受命。"——《孔子家语·观周》

趣说诸子百家

老子
以后想要看书请找我。

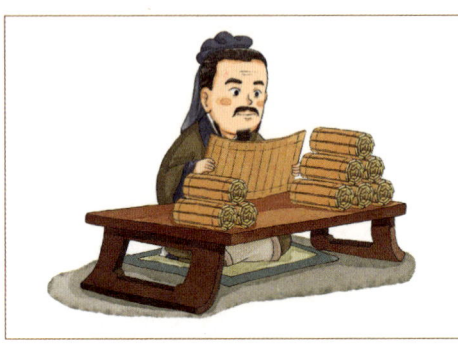

晏婴：这么多书，羡慕啊。

老子 回复 晏婴：先生高居齐国相位，还能羡慕我这个小吏吗？

南宫敬叔：先生高才，我的老师想来拜访先生，不知可有空闲？

老子 回复 南宫敬叔：你的老师是谁？

南宫敬叔 回复 老子：鲁国的孔仲尼先生。

晏婴 回复 老子：孔丘这家伙喜欢空谈大义，不用见他。

老子 回复 晏婴：哪有人来求教却拒之门外的道理？

老子 回复 南宫敬叔：告诉你的老师，我随时恭候。

2 道家的朋友圈

在洛阳期间，周王室内部发生过多次变故，王室子弟为争权夺利而自相残杀。老子作为一名小吏，从未卷入其中，因此避免了许多灾祸。而在对浩如烟海的书卷进行探索的过程中，他也渐渐总结出了一套自己的思想——道。

"道"这个字最早有道路的意思，也有通向某一个目标的意思。老子将自己的思想成果称为"道"，这也是后世"道家""道教"的源头。而老子认为抵达"道"的方法，可用"无为"两个字来概括，即通过放弃多余的欲望、多余的成就、多余的行为，来获得内心的安宁，并使自己的精神抵达"道"的境界。

某一天，老子家中来了一位特殊的客人。来者是鲁国著名学者孔子，他听闻老子思想渊博，因此特意前来拜访。后世儒家与道家两大学派的创始人随即进行了一番意味深长的思想交流。

走了七天七夜啊！可以一睹老子真容了！

趣说诸子百家

儒道思想交流群（4）

老子
先生之前说的内容太多了，能否用最简单的几个字来概括呢？

孔子
我的思想，如果要用一个词概括的话，便是"仁义"二字。

老子
什么是仁义呢？

孔子
万物顺从规律，人人兼爱无私，这就是仁义。

老子
兼爱太过迂腐，而无私本身就是一种私情，你的思想违背了人的本性啊。

【引经据典】

夫兼爱，不亦迂乎！无私焉，乃私也……意，夫子乱人之性也！——《庄子·天道》

2 道家的朋友圈

通过这次交流，孔子深受启发，老子也开阔了眼界。之后，许多名士前来拜访老子，其中的一些人，如庚桑楚、阳子居、柏矩等，甚至以老子的弟子自居，传承了老子的思想。

可对于外人的追捧，老子毫不在意，他虽然乐于解答他人的疑惑，却并不想传播自己的思想，他也没有像孔子那样正经收徒教学。老子所爱的，仍然是独自一人捧着书，在大自然间感受天地的奥妙。

然而，伴随着天下大势的变化，老子宁静的生活最终还是被打破了。

趣说诸子百家

老子
上善若水。

阳子居：老师，我知道这句话的意思，是说人应该如同水一样，谦虚向下。

老子 回复 阳子居：说得很好，可上次乘船时，我见你昂首挺胸，傲视旁人。你见过水会扬扬得意，自我夸耀吗？

阳子居 回复 老子：弟子错了，以后一定改正！

庚桑楚：水不仅不争，还能滋养万物！

柏矩：如果现在的诸侯们能以水的姿态来治理国家，天下就会安定得多。

老子：水是天下最柔弱的物质，但聚集起来却能形成洪流，冲垮一切。强大与柔弱乃是互相转化的，切不可偏执一端。

2 道家的朋友圈

【引经据典】

> 上善若水。水善利万物而不争，处众人之所恶，故几于道。——《道德经·第八章》

公元前520年，周景王去世。他生前不喜欢嫡长子姬猛，而偏爱庶长子姬朝，因此他的去世引发了一场血腥的王位继承人之战，厮杀了好几年后，周王室出现了两位天子——西王姬朝、东王（周敬王）姬丐。

东西二王相持近五年，最终周敬王向晋国求援，在晋军的帮助下击败了姬朝，而姬朝在撤出洛阳前，将洛阳城内的各种典籍洗劫一空，跑去求助楚国。

趣说诸子百家

在这样一场浩劫中,老子丧失了大部分书籍,曾经不受政治风波干扰的他,终于遭到了时代风浪的击打。不久后,老子的启蒙恩师商容也去世了。这一系列变故,使老子逐渐心生去意。

不知是哪一年,老子静悄悄地离开了洛阳,没有人知道他去了哪里。就连他的朋友和弟子们也不知道他的去处。

> 我轻轻地走了,正如我轻轻地来。

【引经据典】

容张口曰:"吾舌存乎?"曰:"存。"曰:"吾齿存乎?"曰:"亡。""知之乎?"老子曰:"非谓其刚亡而弱存乎?"容曰:"嘻!天下事尽矣。"——《圣贤高士传赞·商容》

2 道家的朋友圈

道家思想交流群（10）

商容
你前些天来看我时，我的牙齿还在吗？

老子
老师，已经不在了。

商容
那我的舌头还在吗？

老子
还在的。

商容
舌头还在，可牙齿却不在了，这是为什么呢？

老子
舌头柔软，所以能够久存；牙齿刚硬，所以早亡。

商容
天下间的道理，都在这里面了。

趣说诸子百家

> 有圣人要来!

不知过了多久,在秦国边境的函谷关附近,当地的守将尹喜忽然指着远方的一团紫气说道:"祥瑞之气出现,必有圣人驾临!"

很快,只见老子骑着一头青牛从远方缓缓走来。尹喜当即下令在函谷关外大摆宴席,请老子暂住几天。这期间,尹喜软磨硬泡,不断恳求老子为他写点东西。吃人嘴软的老子无可奈何,最终在函谷关外留下了他此生唯一的作品,即后世道家思想的杰作——《道德经》。

【引经据典】

> 至关,关令尹喜曰:"子将隐矣,强为我著书。"于是老子乃著书上下篇,言道德之意五千余言而去,莫知其所终。——《史记·老子韩非列传》

2 道家的朋友圈

热烈欢迎老子莅临函谷（10）

士卒小王

@尹喜，长官，圣人好像写完了。

尹喜

太好了，圣人现在在哪儿？我还得好好招待他一顿。

士卒小王

今天早上我见圣人骑着一头牛向西走了。

尹喜

你怎么不拦着？

士卒小王

俺寻思也没说不准他走啊。

尹喜

唉，可惜了，他写的东西呢？

士卒小王

我这就拿过来。

尹喜

别动，这么珍贵的东西不要随便碰，等我过去！

趣说诸子百家

不要再找我了。

离开函谷关之后，老子的行踪便再无人得知了。

老子从历史上消失后，后世的许多人都推崇起了他所遗留的那些道家思想。尽管老子从未有过开宗立派的想法，但他仍被后世的无数学者视作道家思想的创始人。

许多年后，佛教从印度传入中国。受佛教的影响，中国本土的一些道家学派人士开始将老子捧成神仙，并由此创立了被称作道教的宗教门派。再往后，甚至有一些道教人士为了与佛教竞争，声称老子当年一路向西去了印度，化名释迦牟尼开创了佛教……可以说，老子一生不求名利，可江湖上永远流传着他的传说。

他们说我就是你。

巧得很，我们正好是同一时代的人物。

2 道家的朋友圈

诸子日报 V：道家代表作《道德经》
经典语录，摘抄送给大家：

1. 道可道，非常道；名可名，非常名。
2. 天地不仁，以万物为刍狗；圣人不仁，以百姓为刍狗。
3. 上善若水，水善利万物而不争。
4. 见素抱朴，少私寡欲，绝学无忧。
5. 夫唯不争，故天下莫能与之争。
6. 祸兮福之所倚，福兮祸之所伏。
7. 为学日益，为道日损。损之又损，以至于无为。无为而无不为。
8. 治大国若烹小鲜。
9. 合抱之木，生于毫末；九层之台，起于累土；千里之行，始于足下。
10. 天网恢恢，疏而不失。

转发 10 万　　评论 1 万　　点赞 15 万

孔子
至于龙，吾不能知，其乘风云而上天。吾今日见老子，其犹龙邪！

庄子
关尹、老聃乎，古之博大真人哉！

欧阳修
其言虽若虚无，而于治人之术至矣。

林语堂
老子的隽语，像粉碎的宝石，不需装饰便可自闪光耀。

鲁迅
不读《老子》一书，就不知中国文化，不知人生真谛。

胡适
老子是中国哲学的鼻祖，是中国哲学史上第一位真正的哲学家。

尼采
《道德经》的能量是取之不竭、用之不尽的。它就像一口永不枯竭的井泉，满载宝藏，放下汲桶，唾手可得。

列子："轻功大师"

人物档案

姓名： 列御寇

字： 云

后世尊称： 列子、冲虚真人

所处时代： 战国时期

生卒年： 不详

出生地： 圃田（今河南郑州）

祖籍： 郑国

主要身份： 思想家、哲学家、文学家

主要成就： 道家学派代表人物，创立贵虚学派

主要作品：《列子》

朋友圈名人：
老师： 关尹子（尹喜）、壶丘子、老商氏
朋友： 伯昏瞀人
弟子： 尹生、百丰、史疾
国君： 郑缪公
同时代诸子： 墨子、杨朱、禽滑釐

趣说诸子百家

有关列子的故事，还得从当年老子西行说起。

老子当年路过函谷关时，被守关人尹喜挽留，无奈写下了一部《道德经》送给尹喜，结果尹喜得到《道德经》后，竟突然开悟，成为一代思想巨匠，被后世尊称为关尹子。

看《道德经》前　　**看《道德经》后**

关尹子开悟之后便开始招收弟子，传播老子的思想成果，晚年时，有一位年轻人来到他跟前要跟他学习射箭技术，这个人名叫列御寇。

2 道家的朋友圈

关尹子
道家学习班第六期开始招生了,名额有限,快快报名!

老子大师倾心著作!

正版亲传!

道德经

杨朱:我有兴趣!

墨子:什么玩意,误人子弟。

伯高子:能邮寄一本《道德经》给我瞅瞅吗?

关尹子 回复 伯高子:梦里啥都有。

列御寇:听说先生当年箭术超神,我想跟您学射箭。

关尹子 回复 列御寇:🙈🙈🙈

趣说诸子百家

列子的出身和家境情况比庄子更加神秘，有关他幼年和少年时的事迹几乎没有被任何书籍记载。我们只知道，年轻时的列子是一个聪明活泼、喜欢四处旅游、学习各种技艺的人。当他听说关尹子曾经是一名神射手时，便拜他为师，向他学习射箭技术。

看我百步穿杨！

关尹子在犹豫之后收下了这个徒弟，并传授了列子一些射箭的技巧。很快，极具天赋的列子已经能够轻松地射中箭靶了，他兴奋地向老师汇报，关尹子却反问他："你知道你为什么能射中吗？"列子不知，于是关尹子让他好好思考这个问题。

为什么自己能够射中箭靶？这个问题列子足足思考了三年，其间他解析了弓箭的基本构成、制作方法、自己射箭的动作，并仔细观察了箭矢运行的轨迹，最终得出了自己的答案。这种对事物本质的思考和分析，已经算是半只脚踏入道家思想的门槛了。

2 道家的朋友圈

【引经据典】

列子学射中矣,请于关尹子。
尹子曰:"子知子之所以中者乎?"
对曰:"弗知也。"
关尹子曰:"未可"。
——《列子·说符》

【引经据典】

尹子曰:"子知子之所以中乎?"
列子曰:"知之矣。"
关尹子曰:"可矣,守而勿失也。非独射也,为国与身亦皆如之。故圣人不察存亡而察其所以然。"
——《列子·说符》

聊天

列子

老师，我终于知道自己为什么能射中箭靶了！

关尹子

非常好。

关尹子

你这三年的付出我已看到。如今我再教你一点，不光是射箭，未来做人，乃至治理国家，也要对事物的基本运行规律有所了解，才能真正学会、做好。

列子

弟子谨记教诲！另外，老师，我想跟你学《道德经》。

关尹子

☕☕☕

2 道家的朋友圈

在关尹子处，列子首次接触到了道家思想。但年轻的他还无法理解老子思想中那些过于深奥的道理，因此他不久之后就离开了关尹子，改拜一位被称作老商氏的奇人，向他学习御风飞行的技巧。

可是，如此高明的技巧老商氏可不会轻易传授于人。列子刚到老商氏身边时，老商氏看都不看他一眼，列子站在他身边侍奉了整整三年，其间不敢有丝毫怠慢，老商氏才愿意正眼看他。之后又过了六年，列子才逐渐学会了对方的功夫。

趣说诸子百家

列子
九载求学路，弹指一挥间。

杨朱：👍👍👍

墨子：有点本事。

老商氏：多少年了，总算找到传人了。

关尹子：唉，还是太浅了。

列子 回复 关尹子：先生，这些年您身体可好？

关尹子 回复 列子：一天不如一天了，就怕没人能传承我的衣钵啊。

尹生：先生，你藏私！我来你家快十次了你都不肯把御风之术传授给我。

列子 回复 尹生：我花了九年时间才学会的东西，你才来了几个月我就必须传授给你？

2 道家的朋友圈

就在列子学习射箭之道和御风之术的同一时期,天下又出现了两位非常有名的思想家,一位是开创了墨家学派的墨子,另一位则是道家杨朱学派的创始人杨朱。

当时,墨子信奉人人平等的道理,推崇"兼爱",要求弟子们能够为了众人的利益去牺牲个人的利益。杨朱则推崇"贵己",即认为每个人都得先爱自己,只有守护好每一个个体的利益,天下才会太平,因此极度反对以集体的名义要求个人做出牺牲。

墨子和杨朱的思想在那一时期非常流行,以至于稍晚一些的孟子曾评价道:"天下之言,不归杨,则归墨。"

【引经据典】

杨朱、墨翟之言盈天下。天下之言,不归杨,则归墨。——《孟子·滕文公下》

杨朱

如果人人都拒绝为天下奉献一根毫毛，同时也不为获取一根毫毛的利益去损害他人，那么天下一定就太平了。

> 禽滑釐：先生，如果损害您的一根毫毛就能拯救世界，您会怎么做？
>
> 杨朱 回复 禽滑釐：世界不是一根毫毛能拯救的。
>
> 禽滑釐 回复 杨朱：假如可以呢？
>
> 孟孙阳 回复 禽滑釐：如果有人出一万金要割破你的皮肤，你同意吗？
>
> 禽滑釐 回复 孟孙阳：同意。
>
> 孟孙阳 回复 禽滑釐：如果有人要砍断你的手脚，然后送你一个国家，你答应吗？
>
> 禽滑釐 回复 孟孙阳：……
>
> 孟孙阳 回复 禽滑釐：人的身体由四肢、躯干组成，四肢由毫毛、肌肤组成，无数根毫毛组成了我们的身体，如果轻视一根毫毛，随意拿去奉献，那么最终四肢、躯干就都可以被拿去奉献了。
>
> 墨子 回复 禽滑釐：你是对的，不用和他们争辩。
>
> 列子：有意思。

2 道家的朋友圈

【引经据典】

古之人损一毫利天下不与也,悉天下奉一身不取也。人人不损一毫,人人不利天下,天下治矣。——《列子·杨朱》

墨家学说与杨朱学派的思想辩论引发了列子对这个世界的一些思考。他开始琢磨,兼爱与贵我,这两种思想究竟孰对孰错?为了搞清楚这个问题,他又专门拜入了道家名士壶丘子门下。这一次,他不再想要学习技艺,而是试图获得思想上的启发。

壶丘子不愧为一代名师,他收下列子后,很快就发现了列子的问题——他喜欢四处游山玩水,内心太过浮躁,无法静下心来观察这个世界。于是壶丘子告诉列子:"最好的景色,不在外面,而在你的内心。等你什么时候能够欣赏自己的内心世界了,你就掌握了欣赏的最高境界了。"

想旅游,就去你的内心旅游。

老师的一番话令列子醍醐灌顶。不久之后,为了让自己彻底静下心来,列子做出了一个艰难的决定——隐居!

趣说诸子百家

列子
自今日起,退网隐居!

[列御寇家]

关尹子:你终于入门了。

老商氏:唉,别把轻功断了传承就行。

尹生:老师,我错了,您退网了我找谁学轻功去啊?

壶丘子:记住我教你的,要时刻审视自己。

【引经据典】

务外游,不知务内观。外游者,求备于物;内观者,取足于身。取足于身,游之至也。——《列子·仲尼》

2 道家的朋友圈

【引经据典】

> 于是列子自以为不知游,将终身不出,居郑圃四十年,人无识者。——《高士传·壶丘子林》

列子选择的隐居地点是郑国的圃田,这个地方也被认为是他的家乡。

圃田内,列子仅与少数师友保持联系,在收徒方面也很严格。他与妻子日出而作,日入而息,过着普通农民的生活,并在闲暇时刻反复思考当年三位老师教导他的那些内容。

像这样的清贫生活,列子一过就是四十年。而他的思想,在此期间也逐渐变得成熟起来。

隐居思考群（5）

列子
今天考考你们：齐国的国氏非常富有，有人向他求教，他却回答说，自己的财富都是偷盗得来的，为什么？

百丰
因为国氏是一名神偷？

列子
你还是闭嘴吧。

史疾
天地万物都来自大自然，而非私人，因此国氏再怎么富有，他的财富也都来自大自然，而不是他自己。所以他认为自己的财富都是从天地之间偷来的。

列子
好得很，你们已经领悟了。

2 道家的朋友圈

【引经据典】

> 吾盗天地之时利，云雨之滂润，山泽之产育，以生吾禾，殖吾稼，筑吾垣，建吾舍。陆盗禽兽，水盗鱼鳖，亡非盗也。夫禾稼、土木、禽兽、鱼鳖，皆天之所生，岂吾之所有？——《列子·天瑞》

我只是大自然的搬运工。

在数十年如一日的生活中，列子结合老子、墨子、杨朱等人的思想，最终得出了自己的思想核心，即"贵虚"。

列子将老子思想中"道法自然"的部分发展到了极致，在他看来，天地万物都源于自然，最终也会回归自然，因此

趣说诸子百家

世界上并不存在"私有财产"的概念,因为一切都是大自然赋予的,人类不过是把自然中的物资从一个地方挪到另一个地方罢了。

而且,列子认为,人类的身体也是大自然的一部分,出生与死亡不过是脱离自然,然后回归自然的一个过程。他的这一观点对后来的庄子也产生了重要影响。

出生值得高兴吗?
死亡值得恐惧吗?

说得好!

庄子

2 道家的朋友圈

隐居思考群（5）

列子
今天再来考考你们。魏国有一个人，他的儿子去世了，他却一点也不悲伤，为什么？

百丰
他的儿子是个大恶人，早就该死了？

列子
唉。

史疾
他儿子出生之前，他就过得很快乐。如今他儿子去世了，不过是回到儿子出生前的状态，所以不需要悲伤。

列子
是的，万事万物都是虚无的，有没有儿子，其实也并没有什么区别。

趣说诸子百家

列子隐居期间,郑国的宰相子阳听说列子的名声,曾派人给他送去许多粮食。当时列子的生活非常艰难,每天都吃不饱饭,可他仍然拒绝了子阳的馈赠。

【引经据典】

魏人有东门吴者,其子死而不忧……东门吴曰:"吾常无子,无子之时不忧。今子死,乃与向无子同,臣奚忧焉?"——《列子·力命》

2 道家的朋友圈

不久，郑国发生变故，郑缪公设计杀害了位高权重的宰相子阳，同时诛杀子阳的同党。列子因为没有收下子阳的礼物，逃过一劫。这件事也成了列子留在历史上的最后一桩事迹。

> 你是不是收过子阳的礼物？

> 我没收。

据说，列子在隐居期间撰写了大量文章，可后来几乎全部遗失了。后世的一些文人学者搜罗了许多先秦时期关于列子的残篇断章，拼凑出了《列子》一书，成为后人窥探这位先贤思想的唯一途径。

【引经据典】

> 子列子穷，容貌有饥色。客有言之郑子阳者曰："列御寇盖有道之士也，居君之国而穷，君无乃为不好士乎？"郑子阳即令官遗之粟。——《列子·说符》

趣说诸子百家

诸子日报 V：道家代表作《列子》经典语录，摘抄送给大家：

1. 生无一日之欢，死有万世之名。
2. 理无常是，事无常非。
3. 治国之难在于知贤而不在自贤。
4. 得时者昌，失时者亡。
5. 人爱我，我必爱之；人恶我，我必恶之。
6. 欲刚，必以柔守之；欲强，必以弱保之。
7. 治大者不治细，成大功者不成小。

转发 10 万　　评论 1 万　　点赞 15 万

刘勰

列御寇之书，气伟而采奇。

柳宗元

虽不概于孔子道，然其虚泊寥阔，居乱世，远于利，祸不得逮乎身，而其心不穷。《易》之"遁世无闷"者，其近是欤？余故取焉。其文辞类庄子，而尤质厚，少为作，好文者可废耶？

2 道家的朋友圈

陆九渊
御冠之学,得之于老氏者也。老氏驾善胜之说于不争,而御寇托常胜之道于柔,其致一也。

刘熙载
《列子》实为《庄子》所宗本,其辞之"淑诡",时或甚于《庄子》,惟其气不似《庄子》放纵耳。

钱锺书
列之文词逊庄之奇肆飘忽,名理逊庄之精微深密,而寓言之工于叙事,娓娓井井,有伦有序,自具一日之长。

庄子："睡梦行者"

人物档案

姓名：庄周

字：子休

后世尊称：庄子、漆园傲吏、华南真人

所处时代：战国中期

生卒年：约公元前 369 年—约前 286 年

出生地：蒙邑（今河南商丘）

祖籍：宋国

主要身份：思想家、哲学家、文学家

工作经历：漆园吏、隐士

主要成就：道家学派代表人物

主要作品：《庄子》

朋友圈名人：
朋友：惠子
弟子：蔺且、魏牟
国君：楚威王、赵惠文王、魏惠王
同时代名人：孟子、张仪、商鞅、公孙龙、公孙衍

2 道家的朋友圈

约公元前369年，正值战国乱世。当时的天下相比老子所在的时期，秩序更加崩坏，战争也更加频繁，想要在乱世之中和平地生活下去，对那个时代的芸芸众生而言是一件很不容易的事情。

然而，乱世也是一道阶梯，激烈的战争大大增加了君王对人才的渴求程度，因此那个时代同样有着无数士人千方百计地寻找重视自己的君王，试图实现"朝为田舍郎，暮登天子堂"的身份转换。

而就在这个平民饱受摧残，士人争先奋进的时代背景下，却有这样一个人，他明明身负大才，却一心只想"躺平"，满意于眼前的苟且生活。这个人就是庄子。

趣说诸子百家

庄子
人生的真谛，就是躺平。

公孙衍：😨😨😨大好年华你怎么睡得着？

张仪：站起来，别躺平，努力奋斗啊！

惠子：不愧是你👍👍👍。

魏惠王：这样的人也算得上名士吗？

惠子 回复 魏惠王：大王，不要被他的外表蒙蔽，庄子的智慧属实渊博。

楚威王：先生有个性，可愿来楚国辅佐寡人？

庄子 回复 楚威王：没兴趣。

2 道家的朋友圈

【不懂就释】

公孙衍、张仪：纵横家代表人物。惠子：本名惠施，名家开创者及代表人物，庄子好友。

庄子出生于宋国境内一个名叫蒙的地方，有关他的父母、出身，如今已无法考证，人们只知道，当他出现在历史上时，其身份是掌管宋国一处漆树园的小吏，且由于其个性傲慢，看不起那些当朝权贵，因此人们都将他称作"漆园傲吏"。

这是大王赏我的！

这次出卖了多少尊严啊？

宋国是春秋时期留存下来的小国，尽管战国时期的主要历史是韩、赵、魏、楚、燕、齐、秦七个国家的争霸史，但

趣说诸子百家

在战国的前中期依然存在宋国、鲁国、卫国等一些小国家。这些国家由于实力较弱,通常不参与七雄之间的斗争,在乱世之中努力寻求苟安。

别误伤啊!

或许是受国家影响,庄子身处战国乱世之中,也是一心只求苟安,但这并不代表他没有才能。当时的赵国名臣公孙龙就感慨,一遇到庄子,就感觉自己简直一无是处了。

【不懂就释】

公孙龙:名家代表人物,曾为平原君门客,以"白马非马"和"离坚白"等论点而著名。

2 道家的朋友圈

公孙龙
我从小就聪明好学，长大后能将黑的说成白的，能将有理的说成没理的，可一接触庄子的言论，我就感觉自己陷入了迷茫的状态，这是为什么呢？

魏牟：您听过井底之蛙的故事吗？

公孙龙 回复 魏牟：听过，怎么了？

魏牟 回复 公孙龙：当井底之蛙听说了大海的广博后，它就会出现与您类似的迷茫感。

公孙龙 回复 魏牟：……

公孙衍：能把黑的说成白的又如何，你能说服君王采用你的主张吗？

张仪 回复 公孙衍：是的，他在我们纵横家面前简直是班门弄斧。

趣说诸子百家

【不懂就释】

魏牟：与公孙龙交好，传说后成为庄子的弟子。

哇，好书！

庄子的思想据说源于老子。当年老子骑着青牛向西离去后，虽然再无踪迹，但世间仍然流传着许多关于他的事迹，以及阐述其思想的内容。庄子不知从何处学到了这些，随后便被老子的"无为""上善若水"等观点深深吸引，并在此基础上发展出了自己的学说。

【引经据典】

公孙龙问于魏牟曰："龙少学先王之道……今吾闻庄子之言，茫焉异之……"公子牟隐机大息，仰天而笑曰："子独不闻夫坎井之蛙乎？"——《庄子·秋水》

2 道家的朋友圈

战国时期，人人追求名利，希望获得更多的财富、更高的地位来体现自身的尊贵。可在庄子看来，万事万物各得逍遥，并不存在高低贵贱之分。

庄子认为，世上最好的状态就是回归自然的原始状态，没有权力的束缚，没有规则的制约，每个人都能按照自己喜欢的方式过上自在逍遥的生活，并认为这种状态便是老子所说的"道"。

【引经据典】

鹏之徙于南冥也，水击三千里，抟扶摇而上者九万里……蜩与学鸠笑之曰："我决起而飞，抢榆枋而止，时则不至，而控于地而已矣，奚以之九万里而南为？"——《庄子·逍遥游》

庄子

我昨晚做了一个梦，梦见自己变成了一只蝴蝶。醒来后我却迷糊了，我原本是庄周，然后做梦梦见自己成了蝴蝶吗？还是说我原本就是一只蝴蝶，如今做梦，梦见自己变成了庄周呢？

公孙龙：完了，魔怔了！

魏牟 回复 公孙龙：请你慎重发言。

孟子：病了就去吃药吧，记得加大药量。

蔺且：老师的言论总是引人遐想。

惠子 回复 公孙龙：所以，我们都有可能只是你梦中的人物吗？

庄子 回复 惠子：没错，完全有可能。

张仪：我看不懂，但好像很厉害的样子。

2 道家的朋友圈

【引经据典】

> 昔者庄周梦为胡蝶,栩栩然胡蝶也。自喻适志与,不知周也。——《庄子·齐物论》

不过,与老子不同的是,老子可以用平和的心态对待不同的思想,能够与孔子进行面对面的友善交流,可庄子不行,他对于和自身思想不同的学说几乎是"零容忍"。

在庄子看来,儒家的仁义、墨家的兼爱、法家的赏罚都违背了自然规律与人的本性,是不应该被推崇的。此外,他对惠子、公孙龙所代表的名家学派也是一副看不起的态度,认为他们追求逻辑、辩论毫无意义,只是自娱自乐罢了。

此外,儒家、墨家等学派都很推崇上古时期的圣人,希望这个时代也能出现圣人来拯救万民,可庄子偏偏认为,圣人才是世道动乱的根源!

> 我不是针对你们某一家,我是说你们都是垃圾!

趣说诸子百家

庄子
圣人不死，大盗不止。想要天下太平，就不能有圣人出现！

蔺且：老师能解释一下吗？

庄子 回复 蔺且：打个比方，姜尚姜子牙是圣人吗？

蔺且 回复 庄子：是。

庄子：姜尚开创了齐国，他和他的后代建立了完善的制度，让齐国变得无比富强。然后，田氏家族篡夺了齐国，延续至今，难道田氏一族不是大盗吗？

蔺且 回复 庄子：如此说来，田氏当为大盗。

庄子 回复 蔺且：倘若姜尚这样的圣人不开创齐国，就不会有田氏这样的大盗出现，这便是"圣人不死，大盗不止"的原因。

【引经据典】

圣人已死，则大盗不起，天下平而无故矣！圣人不死，大盗不止。——《庄子·胠箧》

2 道家的朋友圈

> 先生，请来我国担任相邦。

随着秦国与齐国的相继崛起，曾经的战国第一强国魏国开始备受打击。魏惠王为了振兴国家，高价聘请惠子前往魏国担任相邦。

传言不久后，庄子为了庆贺老友高升，特地前往魏国首都大梁探望，结果惠子听说庄子前来，竟然以为庄子是要和自己争夺魏相的宝座，对庄子进行了"通缉"。

事后，庄子对惠子说，他的行为就如同猫头鹰叼着一只死老鼠，却担心凤凰要抢夺自己的食物一样。惠子所不知道的是，就在几年之后，楚威王想要聘请庄子为相，却被庄子拒绝了。

> 你要抢我的老鼠吗？

诚恳邀请庄周先生（3）

楚大夫甲

先生，您考虑好了吗，何日出发啊？

庄子

我听说楚国有一只神龟，已经死去三千年了，楚王用极高的规格将它的尸体收藏了起来。你们认为这只神龟是愿意在死后被人收藏呢，还是愿意在泥水之中摇尾巴呢？

楚大夫乙

我认为它更愿意活着在泥水之中摇尾巴。

庄子

那你们可以回去了，我要继续在泥水之中摇尾巴了。

【引经据典】

庄子持竿不顾，曰："吾闻楚有神龟，死已三千岁矣，王巾笥而藏之庙堂之上。此龟者，宁其死为留骨而贵乎，宁其生而曳尾于涂中乎？"——《庄子·秋水》

2 道家的朋友圈

约公元前 329 年，宋国发生内乱，宋国君主戴罕被他的弟弟戴偃击败，随后戴偃篡夺了君位，并自立为王，史称宋康王。

宋康王在位期间迷信武力，时常征伐周边国家，并严重得罪了齐、楚等大国。宋国的百姓也都沉浸在国君的赫赫武功之中，浑然不知危机的来临。或许是预料到了宋国日后的危机，庄子在宋康王即位后不久便辞去了漆园吏的职位，并离开了宋国。

辞职后的庄子开始在诸侯之间游走，据说他去过魏国，见过了魏惠王，之后又前往楚国，成功劝楚威王放弃了讨伐越国。这期间，他的日子过得穷困潦倒，可从始至终都没再担任任何官职。

趣说诸子百家

庄子
再次来到大梁,打个卡。

惠子:来了怎么不跟兄弟说一声?

庄子 回复 惠子:跟你说干吗,让你再通缉我一次?

惠子 回复 庄子:上次的事情是我不对,你要还没出气的话,就到我家来,揍我一顿!

魏惠王:先生的衣着为何如此……如此疲惫?

庄子 回复 魏惠王:这不是疲惫啊,这就是穷啊!身处乱世,穷是很正常的。等什么时候世道变好了,我也会跟着富裕的。

2 道家的朋友圈

后来,庄子的妻子去世了,惠子得到消息后特地跑来奔丧,结果却见庄子在屋外拍着盆子唱着歌,显得十分轻松快乐的样子。

惠子询问庄子,妻子去世了,难道不悲痛吗?可庄子表示,人在出生之前,生命本来就不存在,死亡只是重返大自然罢了。如今自己的妻子已经与天地同在了,自己应该为她感到高兴,为何要悲伤呢?

庄子对生命的态度由此可见一斑。但几年后,惠子去世了,庄子却没有流露出任何欢喜的姿态,反而从此变得沉默寡言,不再爱说话了。

趣说诸子百家

庄子
老伙计，你走之后，这世上再也没有能陪我说话的人了。

蔺且：老师，节哀啊。

公孙龙：惠子先生是我的前辈，我也非常怀念他。

张仪：和惠施斗了很多年，没想到他竟然先走一步了。

公孙衍：我与惠子先生亦敌亦友，但我一直很尊重他。

【引经据典】

庄子妻死，惠子吊之，庄子则方其踞鼓盆而歌。——《庄子·至乐》

2 道家的朋友圈

【引经据典】

庄子送葬，过惠子之墓，顾谓从者曰："……自夫子之死也，吾无以为质矣，吾无与言之矣。"——《庄子·徐无鬼》

赵国曾有一件荒唐的事情，赵惠文王喜欢观看剑客斗剑，于是高薪聘请了数千名剑客集聚赵国。这些剑客每天进行斗剑表演给赵惠文王欣赏，一年中有上百名剑客因为各种意外死于表演。赵国的太子认为这种事情太过荒谬，于是千里迢迢找到庄子，希望他能劝阻赵惠文王。

趣说诸子百家

此时的庄子已经七十多岁了,但为了阻止剑客们无谓的牺牲,他欣然来到赵都邯郸,并向赵惠文王介绍说自己有三柄宝剑:第一柄是天子之剑,九州万方组成,一剑挥出,四夷宾服,天下安宁;第二柄是诸侯之剑,由忠勇贤良之士人组成,一剑挥出,百姓安乐,四境太平;第三柄是庶人之剑,由一帮争勇斗狠的剑客组成,每天像斗鸡一样卖弄表演,对国家毫无用处。

赵惠文王听完后,深感惭愧,当即重谢庄子,随后回宫治理国政,再也不观看斗剑表演了。庄子的这番劝谏大获成功,但同时他的生命也已走到了终点。

【引经据典】

> 昔赵文王喜剑,剑士夹门而客三千余人,日夜相击于前,死伤者岁百余人,好之不厌。如是三年,国衰。——《庄子·说剑》

2 道家的朋友圈

乱世躺平群（5）

庄子
> 我感觉自己快不行了。

蔺且
> 老师放心，你死之后我们一定为你举办隆重的葬礼。

庄子
> 我对葬礼的要求你们听好了，要用天地做我的棺材，用日月星辰做装饰，用万物做我的陪葬品。

魏牟
> 您是说，不要棺材也不要下葬？可这样一来会有鸟兽吃您的尸体啊。

庄子
> 不下葬是喂给鸟兽，下葬后是喂给蚂蚁、昆虫，这又有什么区别呢？

趣说诸子百家

诸子日报V：道家代表作《庄子》经典语录，摘抄送给大家：

1. 天下有道，圣人成焉；天下无道，圣人生焉。
2. 人生天地之间，若白驹之过隙，忽然而已。
3. 天地与我并生，而万物与我为一。
4. 君子之交淡如水，小人之交甘若醴。
5. 日出而作，日入而息，逍遥于天地之间而心意自得。
6. 一尺之捶，日取其半，万世不竭。
7. 无为也，则用天下而有余；有为也，则为天下用而不足。

转发 10 万　　评论 1 万　　点赞 15 万

荀子
庄子蔽于天而不知人。

司马迁
其学无所不窥，然其要本归于老子之言。故其著书十余万言，大抵率寓言也。

2 道家的朋友圈

苏轼
吾昔有见于中，口未能言。今见是书（《庄子》），得吾心矣！

徐渭
庄周轻死生，旷达古无比。何为数论量，生死反大事？乃知无言者，莫得窥其际。身没名不传，此中有高士。

胡文英
庄子眼极冷，心肠极热。眼冷故是非不管，心肠热故感慨无端。

鲁迅
其文则汪洋辟阖，仪态万方，晚周诸子之作，莫能先也。

郭沫若
不仅晚周诸子莫能先，秦汉以来一部文学史，差不多大半是在他的影响之下发展的。

闻一多
中国人的文化上永远留着庄子的烙印。

3 墨家的朋友圈

战国早期，诸侯之间的兼并战争变得越发频繁，各国君主为了争霸天下而不断压榨底层百姓，广大劳动人民的日子苦不堪言。在这时，出现了这样一群人，他们高喊着"兼爱"与"非攻"这两个口号，呼吁人民大众要互相帮助，并且身体力行地去救助一切自己能够救助的人，如同关心亲人一样地关心那些陌生人，同时反对一切形式的战争，使无数底层百姓在这寒冬般的时代里感受到了一丝温暖。这些人自称"墨者"，他们有严密的体系和法度，以帮助底层大众、维护世界和平为己任，后世中华文化中的侠义精神，大多就源于此。

墨子：战力彪悍的"和平主义者"

人物档案

姓名：墨翟

字：无

后世尊称：墨子

所处时代：春秋末期至战国初期

生卒年：约公元前 468 年—前 376 年

出生地：宋国商丘（今河南商丘）（有争议）

祖籍：未知

主要身份：思想家、教育家、科学家、发明家

工作经历：儒家学子、宋国大夫、墨家钜子

主要成就：开创墨家学说，组建准军事化组织

主要作品：《墨子》

朋友圈名人：
弟子： 禽滑釐、高石子、公尚过、耕柱子
国君： 楚惠王、鲁阳文君
朋友： 公输盘

3 墨家的朋友圈

为什么我们这地方叫"孤竹"？

可能是因为我们这儿的竹子太少了吧。

据说，墨子的祖先是商朝时期的一方诸侯，因为封地在孤竹国，所以后世称其为孤竹君。

大约公元前1046年，周武王率军灭掉了商朝，重新分封天下，可孤竹君并不打算向周武王屈服。自此，孤竹国便作为一个顽强的"前朝余孽"孤悬于中原北方，与效忠于周天子的燕国，以及周边的诸多少数民族为邻。

春秋时期，春秋五霸之一的齐桓公率军北伐，攻灭了独自坚守了近四百年的孤竹国，孤竹国的贵族子弟逃往四方，其中一支来到了同为商朝后裔建立的宋国境内繁衍生息，伟大的墨子便诞生于此。

我要坚持大商正统！

趣说诸子百家

周武王
殷都打卡,从此便是大周天下!

熊绎(楚国先祖):可喜可贺!

恶来(秦国先祖):求大王饶我一命。

周武王 回复 恶来:你助纣为虐,饶你是不可能的!

吕尚(齐国先祖):大王把我拍得有点老了。

周武王 回复 吕尚:哪里,大家都说老师年轻得很。

孤竹君:哼,乱臣贼子,看我来日恢复大商,把你们统统灭了!

武庚(纣王之子) 回复 孤竹君:我都投降了,你还倔强个啥啊?

微子(纣王兄长) 回复 孤竹君:我都投降了,你还倔强个啥啊?

箕子(纣王叔父) 回复 孤竹君:要不你跟我一起去朝鲜吧?

孤竹君 回复 武庚:呸,认贼作父!

孤竹君 回复 微子:呸,为虎作伥!

孤竹君 回复 箕子:呸,逃之天天!

3 墨家的朋友圈

【不懂就释】

孤竹君之后,本墨台氏,后改为墨氏……战国时宋人墨翟著书,号墨子。——《元和姓纂》

殷商残余势力:商朝灭亡后,周朝统治者对商朝残余势力采取了笼络政策,先后任命武庚和微子统领商朝贵族。部分不愿意投靠周朝的人则跟随箕子前往朝鲜半岛,建立了箕子朝鲜。而最后一些势力则选择和孤竹国一样留在原地,与周朝保持敌对或中立的关系。

约公元前468年,墨子出生在宋国境内。尽管他的祖先曾是孤竹国的贵族,可如今孤竹国已灭亡近二百年了,墨子的家族早已沦落为平民。

爹,为啥咱家这么穷啊?

哼,往上二百年,咱家也阔过!

趣说诸子百家

感觉还需要再改进一下。

墨子小时候,由于家境贫寒,曾干过许多被当时人视作低贱的工作,如牧童、木工等。在此谋生过程中,天资聪颖的墨子掌握了大量的工匠技术,并且对现有的许多工具进行了改良,成了一位有名的大发明家。据传,史上最早的风筝便是墨子发明的。

除了学习工匠技术,墨子在工作之余还十分积极地去学习文化知识。他出生时孔子去世不久,儒家弟子成了第一批四处传播知识的人。因此,墨子年轻时也曾跟随孔子的门徒学习儒学,当过一段时间的儒生。可随着时间的推移,墨子渐渐发现儒家思想中对礼仪和丧葬制度的过分重视已经严重脱离实际,根本就不适合广大百姓学习。

【引经据典】

墨子为木鸢,三年而成,蜚一日而败。——《韩非子·外储说左上》

3 墨家的朋友圈

纪念我们永远尊敬的孔子（1000）

墨子
老师，请问父母去世，儿女都得守孝三年的话，那这三年间他们吃什么？

儒生
当然是吃存粮啊。

墨子
有多少平民百姓家的存粮能吃三年？

儒生
这……

墨子
况且周礼如此烦琐，百姓每日耕作劳苦，根本无法学习，也无法遵守。

儒生
你敢质疑孔子的话？💣💣💣

墨子
没错，我就质疑了！

【引经据典】

> 墨子学儒者之业,受孔子之术,以为其礼烦扰而不说,厚葬靡财而贫民,服伤生而害事,故背周道而用夏政。——《淮南子·要略》

虽然墨子不认同儒家思想中关于礼仪的内容,但孔子希望靠"仁爱"来拯救世界的想法深深影响了他。在脱离儒家后,墨子认真思考起了什么才是真正能够造福万民的思想。

儒家坚持的"仁爱"思想,是指将自己对家人的感情分散到陌生人身上,譬如自己家有小孩,见到别人家的孩子就也会关照一下,自己家有老人,见到别人家的老人时,就也会愿意照顾一下。不过,在墨子眼中,这种爱是分等级的,一个人爱自己的家人,必定会胜过爱陌生人,爱自己的国家,必定胜过爱别国。只要爱分等级,那就一定会出现损害别人的家庭来帮助自己的家庭,损害别人的国家来帮助自己的国家的事情。

3 墨家的朋友圈

> 他家孩子穿得比我家的好。

> 你好，真可爱。

> 你家孩子才乖呢。

> 他家小孩长得比我家的高。

因此，墨子在孔子思想的基础上得出了自己的思想核心，即"兼爱"，也就是无差别的爱，平等地去爱每一个人，彻底斩断私欲，从而使天下变得太平。

【引经据典】

杨氏为我，是无君也。墨氏兼爱，是无父也。无父无君，是禽兽也。——《孟子·滕文公下》

其言之成理，足以欺惑愚众。是墨翟、宋钘也。——《荀子·非十二子篇》

墨子

将别人的国当作自己的国,将别人的家当作自己的家,将别人的身体当作自己的身体,这样诸侯之间就不会有战争,家族之间就不会有仇怨,人与人之间就不会有矛盾了。

孔子（穿越时空的评论）：年轻人,想得太简单了。

墨子 回复 孔子：您的仁爱理论,想得不也挺简单的吗?

孔子 回复 墨子：仁爱是人性本身就具备的,而兼爱,则完全超脱人性了。

墨子 回复 孔子：我也是人,既然我能做到,那别人也应该能做到。

孟子（穿越时空的评论）：所以,把别人的君主当作自己的君主,把别人的父亲当作自己的父亲?这不是无君无父的禽兽吗?

荀子（穿越时空的评论）：哼,尽用一些假大空的话来糊弄老百姓。

3 墨家的朋友圈

墨子拥有了自己的目标后,并未像孔子、孟子那样,通过游说君王来践行自己的主张,而是选择向各国的劳苦大众讲学,通过不断帮助他人、行侠仗义来获得追随者,以此来增加自己思想的影响力。

墨子的"人民路线"尽管见效缓慢,却潜力巨大,随着日复一日的坚持,墨子的名声逐渐在各地百姓的口耳相传中遍及大江南北。最初许多贵族在听闻墨子时,常轻蔑地称之为"贱人",但随着墨子的名声越来越广,贵族们对他的称呼逐渐变成了"布衣之士",再往后甚至变成了"北方贤圣人"。

而在实践思想的过程中,墨子也在不断完善自己的思想理论。除"兼爱"外,他又先后提出"尚贤"和"尚同"的思想。"尚贤"即要尊重贤人,"尚同"即要服从权力。墨子认为,只要权力由贤人掌控,就一定能够实现天下太平。可是,在如何监督掌权者方面,墨子极其天真地寄希望于鬼神。

【引经据典】

鲁阳文君言于王曰:"墨子,北方贤圣人,君王不见,又不为礼,毋乃失士。"乃使文君追墨子,以书社五里封之,不受而去。——《渚宫旧事》

趣说诸子百家

墨子
选择世上最贤能的人当天子,天子再选派贤能的人当诸侯,诸侯再选派贤能的人当大夫,这样一级一级下来,天下必然能和谐安宁。

巫马子:我抬个杠,如果诸侯或大夫不贤该怎么办?

墨子 回复 巫马子:那么天子会替换掉他们。

巫马子 回复 墨子:那如果天子不贤呢?

墨子 回复 巫马子:那么鬼神会替换掉他。

巫马子 回复 墨子:先生认为鬼神真的存在吗?

墨子 回复 巫马子:当然存在,不然为什么会有"鬼神"这个词呢?

楚惠王:我正准备封五里地给先生,先生怎么离开了?

墨子 回复 楚惠王:多谢大王美意,鄙人习惯了闲云野鹤的生活,不想留在楚国。

【引经据典】

自古以及今,生民以来者,亦有尝见鬼神之物,闻鬼神之声,则鬼神何谓无乎?若莫闻莫见,则鬼神可谓有乎?——《墨子·明鬼》

3 墨家的朋友圈

告　示

贱人墨翟传播邪说
墨家的布衣之士在帮助百姓
圣人墨子莅临，国君出国相迎

墨子的追随者们形成一定的规模后，他便开始在组织内部践行自己的理论了。他制定了十分严格的律令，禁止门徒盗窃、伤人以及任何不义的行为，同时提倡艰苦朴素的生活，要求众人和他一样要亲自劳作，平等互爱。这些追随者后来都自称"墨者"，他们效仿墨子的生活作风，无论出身如何，个个都穿布衣、草鞋，四处行侠仗义。

墨家军

【引经据典】

使后世之墨者，多以裘褐为衣，以跂跷为服。——《庄子·天下篇》

墨子认为，想要实现"兼爱"就得先实现"非攻"。"非攻"即反对一切形式的战争。而想要做到"非攻"就必须掌握强大的武力，因此墨子也教授门徒武艺，同时他还发挥自己天才般的创造力，制造出了各种超越时代的高科技武器，其中大都是偏向于防守的。

当时，诸子百家中的其他学派思想尚未普及，而儒家思想对平民百姓而言又太过烦琐，因此墨子的思想理论便大行其道，风头一度盖过了孔子去世后孟子诞生前的儒家，成为当时全天下最热门的学说。

【引经据典】

子墨子曰："去之苟道，受狂何伤！"——《墨子·耕柱》

3 墨家的朋友圈

兼爱非攻，尚贤尚同（300）

耕柱子
> 老师，为什么你总是喜欢批评我？

墨子
> 你坐车上坡时，拉车的有一匹马和一头羊，你会选择鞭答谁？

耕柱子
> 当然是鞭马啊，因为马更有力气，鞭答之后走得更快啊。

墨子
> 没错，这就是我经常批评你的原因了。

高石子
> 老师，卫君任我为卿，可他不采纳我的建议，于是我辞官了，别人都说我狂妄。

墨子
> 你坚守了自己的道义，别人要说就让他们说去吧。

春秋末年，天下发生了一件大事。闻名天下的大发明家公输盘为楚国打造了攻城用的云梯。楚惠王大喜，下令厉兵秣马，准备攻打宋国。

墨子听说消息后，认为这是他践行自己"非攻"理论的大好机会，于是从鲁国出发，走了十日十夜赶到楚国，面见楚惠王，试图说服楚惠王退兵。楚惠王不肯退兵，于是墨子提出要与公输盘来一场技术对决。

墨子与公输盘都是那个时代最优秀的发明家，双方在沙盘上使用各自发明的攻城、守备武器互相较量，最后公输盘完败，墨子大获全胜。得知在装备上落于下风后，楚惠王被迫放弃了攻打宋国的打算。

3 墨家的朋友圈

墨子 PK 公输盘（3）

墨子
公输先生，你还有什么底牌吗？

公输盘
我知道怎么对付你，但我不说。

墨子
我也知道该怎么反制你，但我也不说。

楚惠王
谁来给寡人讲解下？

墨子
公输先生的意思是杀了我，但我的意思是，我已经派我的弟子禽滑釐等三百人前往宋国了，所以杀了我也没有用。

楚惠王
先生大才，寡人不打宋国了！

趣说诸子百家

【不懂就释】

公输盘：即鲁班，传说是他发明了锯子、刨子、曲尺等工具，被后世誉为木匠鼻祖。

说服楚惠王放弃攻打宋国后，墨子的名声在诸侯之间迅速攀升。后来，他又成功说服了楚国封臣鲁阳文君放弃攻打郑国，说服齐国放弃攻打鲁国。然而，墨子所处的时代已是战国初期，列国间每年爆发的大小战争数不胜数，墨子与其门徒的努力在时代的洪流面前犹如杯水车薪。

墨子晚年，收到了一条来自越国的消息，越王想要重用墨子，为此甚至愿意拿出五百里土地封给他。然而，墨子明白，

3 墨家的朋友圈

如果要践行自己的主张的话，越王就得带头放弃荣华富贵，穿上粗衣麻布，过艰苦日子，而这是不可能办到的，因此墨子最终谢绝了越王的邀请。

没有贵族的支持，没有富人的资助，墨子与其弟子坚持艰苦朴素的生活，四处传播"兼爱"思想，尽管广受劳苦大众的欢迎，却始终难成气候。有时候，甚至还会面临来自各方的误解。

唉，推掉吧。

老师，帮您找到一份好工作！

【引经据典】

子墨子解带为城，以牒为械，公输盘九设攻城之机变，子墨子九距之，公输盘之攻械尽，子墨子之守圉有余。公输盘诎。——《墨子·公输》

趣说诸子百家

墨子
所有墨家弟子,都必须做到重义气,听命令,轻生死,否则就请离开墨家!

禽滑釐:我随时准备为墨家的信仰而死!

公输盘:认识你之后,我才见识到什么叫真正的义。现在,就算你把宋国送给我,我也不要了。

鲁国老农:就是你!你个害人精!我儿子跟你学了两年,然后上战场死了!

墨子 回复 **鲁国老农**:你让儿子来我这儿学习,不就是学习这些吗?他战死了,说明他学有所成,你为何要生气呢?

鲁国老农 回复 **墨子**:我不管,你还我儿子命来。

3 墨家的朋友圈

【引经据典】

子墨子曰:"子之观越王也,能听吾言,用吾道乎?"公上过曰:"殆未能也。"——《吕氏春秋·离俗览·高义》

【引经据典】

墨子服役者百八十人,皆可使赴火蹈刃,死不还踵,化之所致也。——《淮南子·泰族训》

约公元前 376 年,在天下各地奔波劳累了数十年后,墨子去世了。他死后,其弟子禽滑釐继承了他的位置,自称"钜子",继续领导墨家门徒宣传"兼爱""非攻"的思想,并坚持艰苦朴素的作风。

继承先师遗志,将兼爱、非攻进行到底!

随着时间的推移，列国之间的战争愈演愈烈，规模越来越大，墨家发明的武器哪怕再强大，在数十万大军面前，区区几百人也无法改变局势了。自墨子去世之后，墨家门徒再也未能阻止任何一场战争，"非攻"的梦想就此破灭。

禽滑釐之后，墨家"钜子"又传了几代，接着便不知为何竟一分为三，变成了相里氏之墨、相夫氏之墨和邓陵氏之墨，且三家之间互相排斥。这意味着哪怕在墨家内部，也无法实现真正的"兼爱"。

但无论结果如何，墨子依然是先秦时代一位伟大的思想家，他的"兼爱""非攻"理念，对我们如今的世界有着极大的教育意义。

3 墨家的朋友圈

诸子日报 V：墨家代表作《墨子》经典语录，摘抄送给大家：

1. 为善者赏之，为不善者罚之。
2. 江河不恶小谷之满己也，故能大。
3. 食者，国之宝也；兵者，国之爪也。
4. 贫则见廉，富则见义。
5. 利之中取大，害之中取小。
6. 义人在上，天下必治。
7. 天之爱天下之百姓。

转发 10 万　　评论 1 万　　点赞 15 万

庄子
虽然，墨子真天下之好也。

孟子
墨子兼爱，摩顶放踵利天下，为之。

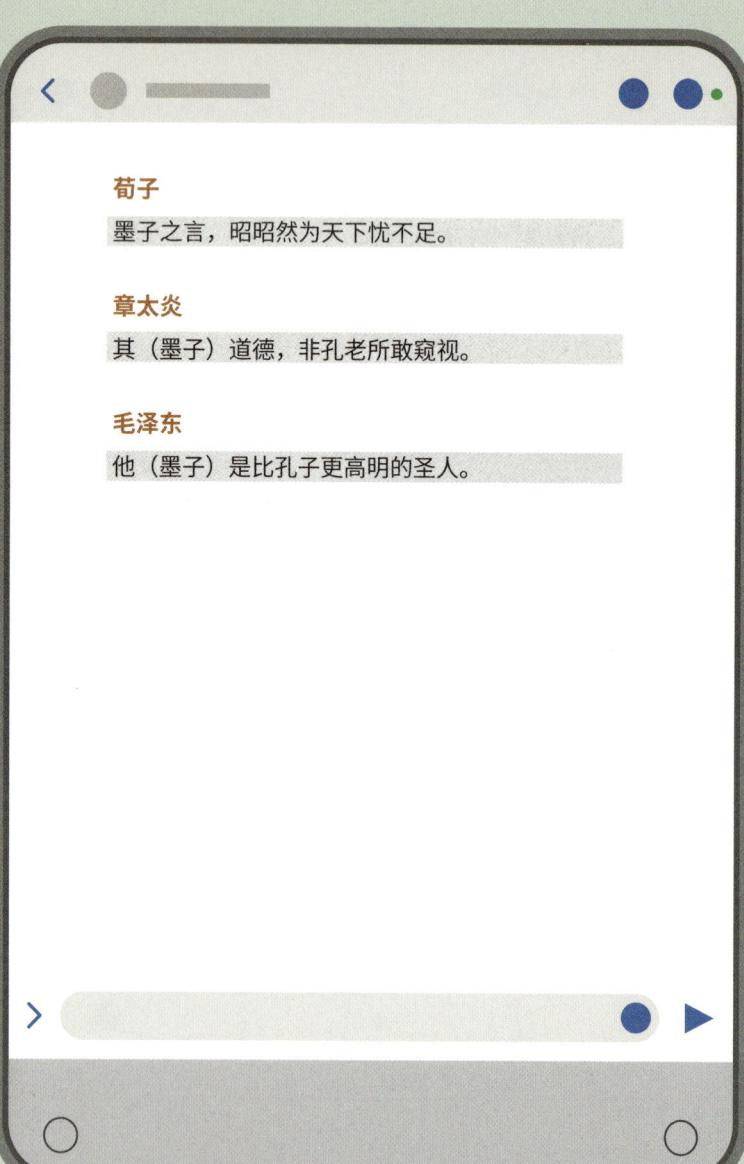

荀子
墨子之言，昭昭然为天下忧不足。

章太炎
其（墨子）道德，非孔老所敢窥视。

毛泽东
他（墨子）是比孔子更高明的圣人。

4 法家的朋友圈

面对纷乱的世道，几乎所有学派都想要回到过去，例如儒家想要回归西周，墨家推崇上古，而道家认为原始时代最好，唯有被后世称作法家的这样一群改革家，将目光投向了未来。法家思想最早可追溯至春秋时期的名相管仲，其特点是根据时代的变化和生产力的进步，来对旧有的制度进行改革（古人所谓的"变法"）。法家的代表人物李悝、慎到、商鞅、申不害、李斯、韩非子等人几乎主导了整个战国时期历史的变化，而法家学者对制度的探索精神，对未来的开拓精神，也深刻影响了后世的中国。

管仲：霸主背后的男人

人物档案

姓名： 管夷吾

字： 仲

后世尊称： 管子

所处时代： 春秋初期

生卒年： 未知 - 公元前 645 年

出生地： 颍上（今安徽颍上）

祖籍： 未知

主要身份： 政治家、军事家、经济学家

工作经历： 商人、士兵、大夫、宰相

主要成就： 尊王攘夷，实现制度改革

主要作品： 《管子》

朋友圈名人：

朋友： 鲍叔牙

国君： 齐桓公（公子小白）、公子纠、楚成王、周襄王、卫文公、燕庄公

4 法家的朋友圈

据传管仲的祖先是周文王之子管叔。当年,周武王攻灭商朝后,采取怀柔手段,将纣王之子武庚封在商朝的旧都殷地,但为防止武庚掀起叛乱,周武王又在殷地周边建立了三个诸侯国,派自己的三个弟弟——管叔、蔡叔、霍叔担任诸侯,负责监视武庚,因此这三人又被称作"三监"。

然而,周武王灭商后仅三年便去世了,其子周成王年幼,于是周武王的弟弟周公姬旦代替君主摄政,手握大权。周公的掌权引发了管叔、蔡叔、霍叔三人的不满,为了争夺权力,三人竟联合本该监视的武庚发动叛乱,史称三监之乱。

然而,三监与武庚的联军尽管声势浩大,却仍然不是周公的对手,经过三年激战后,叛乱失败,武庚与管叔被诛杀,

趣说诸子百家

管叔的后裔们流亡四方，其中一支族人最终在淮河附近的颍上地区定居，管仲便出生在这样的家庭之中。

管仲出生时，家境早已没落，为了摆脱贫困，管仲约上自己的好朋友鲍叔牙外出经商。在中国古代，相比世世代代居住在村庄里的农民，四处奔走的商人显然眼界要更开阔一些。在四处做生意的过程中，管仲看到了不同诸侯国境内百姓的生存状况，了解了不同国君所下达的命令，积累了许多治国理政方面的心得。

不过，年轻时的管仲聪明却又贪婪，他每次经商赚到钱后，总是给自己分大份，给鲍叔牙分小份，而每次赔了钱后，则总是与鲍叔牙平摊损失。对此，鲍叔牙总是微微一笑，从不与他计较。

【不懂就释】

管仲出身：关于管仲的身世，目前学术界有多种说法，除了认为他是管叔后裔，还有认为他是周穆王的后裔，或他与周朝王室没有任何血缘关系的说法。

4 法家的朋友圈

武庚
时候到了，枪在手，跟我走，一同复兴大商！

管叔：口号错了，是周公要对成王不利，我们要清君侧！

蔡叔 回复 管叔：啊，我们的口号不是要自立为王吗？

管叔 回复 蔡叔：这都什么跟什么啊，这种口号能吸引别人追随你吗？

霍叔 回复 管叔：我说话直，不爱搞这些虚的，我就是想把周公和成王一起废了。天子轮流坐，明年到我家。

姜太公 回复 霍叔：就你们这种无组织无纪律的队伍也想玩造反？

召公 回复 管叔：我劝你们三位迷途知返，怎么说我们也是一家人，别让武庚这个纣王余孽占了便宜。

趣说诸子百家

【引经据典】

> 成王少，周初定天下，周公恐诸侯畔周，公乃摄行政当国。管叔、蔡叔群弟疑周公，与武庚作乱，畔周。——《史记·周本纪》

这些是我的，那些是你的。

求职失败了。

没事，运气不好而已。

后来，管仲拿着做生意赚来的钱打点自己，前往各国贵族的府上求职，希望得到任用，结果每次都被人赶走。许多认识管仲的人都嘲笑他无能，只有鲍叔牙一直在他身边鼓励他。

4 法家的朋友圈

管仲
平安到家,乡亲们莫要挂念了!

村民甲:管仲啊,又当逃兵了?

管仲 回复 村民甲:什么逃兵,你别侮辱人清白!

村民乙 回复 管仲:你每次都当逃兵,难道这次能不一样吗?

管仲 回复 村民乙:你不知道情况不要乱说。

村民丙 回复 管仲:我儿子和你一起上的战场,他说他亲眼看到你当的逃兵。

管仲 回复 村民丙:你儿子撒谎!

村民甲 回复 管仲:我就爱看你这嘴硬的样子。

鲍叔牙 回复 村民甲:管仲父亲早亡,母亲年迈,他是害怕自己不能给母亲养老送终啊。

鲍叔牙 回复 村民丙:如果管仲是你儿子,你会嘲笑他吗?

鲍叔牙 回复 村民乙:多留些善语,多结点善缘吧。

在经历了无数次的求职失败与被人嘲讽后，管仲依然没有放弃自己，他与鲍叔牙在各地继续坚持一边经商，一边求职的生活，最终，在齐国找到了属于自己的舞台。

当时，齐国君主齐僖公想为自己的几个儿子安排家臣，恰好管仲和鲍叔牙正在四处求职，于是他就安排管仲去辅佐公子纠，安排鲍叔牙去辅佐公子小白。尽管公子纠与小白都不是嫡长子，未来应该无法继承国君之位，但对管仲与鲍叔牙来说，这仍然是一次极其成功的身份跨越。

公元前686年，齐国发生了一件大事，齐僖公的侄子公孙无知起兵叛乱，杀死了齐僖公之子齐襄公，自立为君，随后又派人追杀齐襄公的兄弟们。公子纠与公子小白听说消息后，慌忙逃往国外避难，管仲与鲍叔牙这对好兄弟也被迫追随各自的主公，分道扬镳了。

4 法家的朋友圈

公孙无知
齐襄公与自己的亲妹妹乱伦，这种人根本不配当国君，我才是齐国的明主！

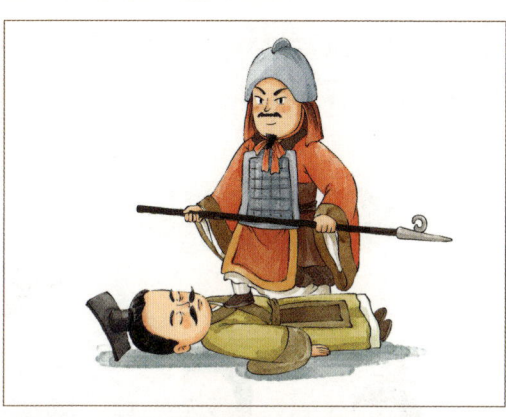

连称：无条件支持新君！

管至父：无条件支持新君！

公子纠：呸，乱臣贼子，你给我等着！

公子小白：呸，乱臣贼子，你给我等着！

公孙无知 回复 公子纠：有种别跑！

公孙无知 回复 公子小白：有种别跑！

【引经据典】

吾尝三仕三见逐于君，鲍叔不以我为不肖，知我不遭时也。吾尝三战三走，鲍叔不以我为怯，知我有老母也。——《史记·管晏列传》

趣说诸子百家

公孙无知造反成功后，仅当了几个月的国君，便在游玩时被齐国大夫雍廪刺杀了，他的党羽也遭到了肃清。接下来，最有资格继承国君之位的便是公子纠和公子小白两人，于是齐国大臣们便迅速站队，各自写信邀请这两人回国继位。自此，一场回国竞赛，就在这对兄弟之间展开了。

> 各就各位，预备……

【引经据典】

> 初，襄公使连称、管至父戍葵丘，瓜时而往，及瓜而代。往戍一岁，卒瓜时而公弗为发代。或为请代，公弗许。故此二人怒，因公孙无知谋作乱。——《史记·齐太公世家》

4 法家的朋友圈

公子纠的母亲是鲁国人，因此他之前在鲁国避难，而公子小白的母亲是莒国人，所以在莒国避难。莒国相比鲁国距离齐都更近，因此按常理来说，公子小白更有可能获胜。为了帮公子纠抢占先机，管仲骑快马先一步赶到公子小白回国的必经之路上，一箭射向小白，只见小白当场中箭吐血。

管仲自认为刺杀成功，于是回去向公子纠复命。公子纠认为大局已定，于是开始放慢速度，安安心心地前进。几天后，公子纠一行收到消息——公子小白已回到齐都临淄，继承了国君之位。

趣说诸子百家

公子小白
从今天起,请称呼我为齐公!

公子纠:???

管仲:???

公子纠 回复 管仲:这是怎么回事?

管仲 回复 公子纠:我不知道啊,我是亲眼见到他中箭吐血的。

鲍叔牙 回复 管仲:你那一箭射主公的带钩上了。

管仲 回复 鲍叔牙:那血呢?

公子小白 回复 管仲:我特地咬破了舌尖,就是为了骗过你啊。😆😆😆

公子纠 回复 管仲:你个废物!💣💣💣

4 法家的朋友圈

> 我想要建立霸业,请先生教我!

齐桓公即位后,公子纠不服,于是向鲁国借兵,试图用武力夺回君位。齐鲁两军在乾时交战,鲁军一败涂地,溃不成军。于是鲁国君主鲁庄公向齐桓公求和,齐桓公开出的条件则是让鲁国交出公子纠的人头,以及活着的管仲。

齐桓公要求鲁国交出管仲的理由是当初的一箭之仇,他想要亲自杀了管仲报仇。可当管仲被送到齐国后,齐桓公竟然当众赦免了管仲的罪过,并任命他为大夫,将国政全部委托给了他。

【引经据典】

> 使管仲别将兵遮莒道,射中小白带钩。小白详死,管仲使人驰报鲁。鲁送纠者行益迟,六日至齐,则小白已入,高傒立之,是为桓公。——《史记·齐太公世家》

趣说诸子百家

管仲的这次死里逃生，全因鲍叔牙的竭力进谏。鲍叔牙告诉齐桓公，如果他只想治理齐国，那么自己的才能就够用了，可如果他想要称霸天下，就必须有管仲的辅佐。

公元前685年，在挚友的帮助下，蛰伏多年的管仲终于一飞冲天！

> 您今日忘掉管仲射中带钩这件事，他日管仲会为您射下整个天下！

【引经据典】

> 是故五家为轨，五人为伍，轨长率之。十轨为里，故五十人为小戎，里有司率之。四里为连，故二百人为卒，连长率之。十连为乡，故二千人为旅，乡良人率之。五乡一师，故万人一军，五乡之师率之。——《管子·匡君小匡》

4 法家的朋友圈

建立霸业（3）

齐桓公
我想要对现有制度进行改革，先生有什么好主意吗？

管仲
让百姓每五家组成一个轨，由轨长统领，每十轨组成一个里，由里司统领，每四里组成一个连，由连长统领，每十连组成一个乡，由乡良人统领，每五乡组成一个师，由国君任命将军指挥。和平时期让百姓习惯这种制度，战争时期国君一声令下就能快速集结起多个师，每师一万人，足以应对各种战争。

齐桓公
👍👍👍先生大才啊！

鲍叔牙
🤗🤗🤗我果然没有看错人。

趣说诸子百家

管仲所处的时代属于春秋早期，当时各诸侯国的行政制度都处在较为原始的状态，两国交战时，常常是国君带着一群贵族武士驾驶战车互相冲击，战争规模相对较小。管仲最先提出在乡村建立军事组织，动员平民参与战争，使齐国能快速动员数万人规模的军队，在与其他诸侯的战争中占据了极大的优势。

> 能群殴，何必单挑呢？

除此之外，管仲在经济方面也进行了大刀阔斧的改革。他设立了盐官和铁官，对齐国境内的盐业和冶铁业进行征税，极大地充实了齐国财政，这一政策为后来汉朝的盐铁管制提供了灵感。

4 法家的朋友圈

早年有过经商经验的管仲还极其擅长"货币战争"。譬如他曾高价收购楚国的鹿,引诱楚国百姓都去狩猎捉鹿,耽误了耕种,等楚国出现粮食不足的情况后,管仲再联合其他诸侯国禁止向楚国出售粮食,导致楚国百姓有钱却买不到粮食,国力严重被削弱。

求求你卖我一点吧。

不好意思,卖不了。

【引经据典】

桓公曰:"然则吾何以为国?"管子对曰:"唯官山海为可耳。"——《管子·海王》

趣说诸子百家

齐桓公
这张图就是我们齐国的新口号！

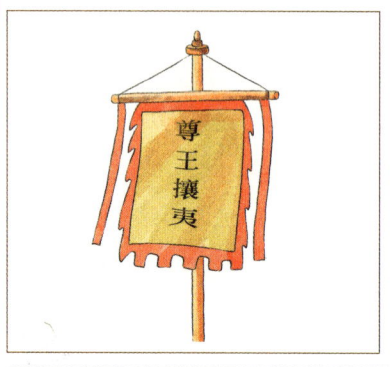

（旗帜：尊王攘夷）

鲁庄公：没看懂。

楚成王：好像跟我没关系。

齐桓公：这是我仲父给我设计的战略目标，其实我也不太懂。

鲁庄公 回复 齐桓公：😢😢😢就是我当初五花大绑送到齐国去的那个管仲？

齐桓公 回复 鲁庄公：😄😄😄没错，就是他！小样儿，后悔了吧？

周惠王：苍天啊，大地啊，被忽视了这么多年，终于有人要尊重寡人了吗？

楚成王 回复 齐桓公：你这四个字里的"夷"，该不会是指我吧？

齐桓公 回复 楚成王：😐😐😐你说呢？

4 法家的朋友圈

春秋早期，华夏文明一度陷入危险境地。当时，西北犬戎霸占了关中地区，将周平王驱赶至洛邑，河北的赤狄大举南下，灭亡了卫国，南方的荆蛮（楚国）也乘势崛起，吞并了汉江地区的众多诸侯。在这南蛮北狄交相入侵之际，中原各路诸侯却忙于互相攻伐，周天子权势衰微，也无力组织诸侯对抗外敌。

在此危机之时，管仲为齐桓公献上了"尊王攘夷"的战略，让齐国主动承担起引领诸侯重塑秩序的责任，从而获得天下人的拥戴。

公元前664年，山戎入侵燕国，齐国出兵击退山戎，并顺势消灭了不肯服从天子的孤竹国。

公元前660年，齐国拥立卫文公，帮助卫国复国。

公元前659年，狄人入侵邢国，齐国出兵救助，并帮助邢国重建都城。

公元前657年，楚国入侵郑国，齐桓公率领诸侯联军救郑，逼迫楚国退兵并向周天子纳贡。

【引经据典】

然见管仲之能足以托国也……遂立以为仲父。——《荀子·仲尼》

趣说诸子百家

管仲
家中老父亲年迈，就需要长子帮忙维持秩序。如今周天子有如老父，齐国便是长子，应当引领诸侯！

燕庄公：支持支持支持！

邢伯：双手双脚支持啊！

卫文公：谁反对齐国我跟谁拼命！

宋桓公：我……我没意见。

鲁僖公：你不打我我就支持。

楚成王：唉，暂且承认吧。

4 法家的朋友圈

公元前 655 年，齐国收到消息，当今天子周惠王讨厌嫡长子姬郑，宠爱庶子王子带，想要废长立幼。管仲认为这是一个好机会，于是让齐桓公率领鲁、郑、卫、陈、宋、许等国在首止召开大会，声明支持天子的嫡长子姬郑为太子！

> 我们支持姬郑为太子，你有意见吗？

> 没……没有……

公元前 652 年，周惠王去世，太子姬郑即位，史称周襄王。管仲见状，立刻让齐桓公召集中原各地的所有诸侯国在葵丘举行会盟。会盟中，周襄王投桃报李，派使者赐予齐桓公胙肉、彤弓矢以及天子车马，这是天子给予诸侯的最高级别赏赐，等于正式承认齐桓公"诸侯之长"的地位。

自此，在管仲的设计下，齐桓公成功建立了一套崭新的秩序——由霸主引领诸侯，对内尊敬天子，对外抵御蛮夷。曾经诸侯列国肆意攻伐的行为受到了遏制，礼崩乐坏的局面也一度得到了扭转。

公元前645年，葵丘会盟的六年后，管仲病逝。他死之后，齐桓公便开始亲近小人，疏远贤臣，导致其晚年霸业衰颓。又过了两年，齐桓公病逝，齐国陷入内乱，霸主地位随即落至晋文公之手。

尽管国运无常，但管仲与齐桓公所建立的功业无人可以磨灭。后世的晋文公、秦穆公、宋襄公、楚庄王等强势君主都以"齐桓公第二"自居，竭尽一生只为重现齐桓公与管仲当年的辉煌。

【引经据典】

微管仲，吾其被发左衽矣。——《论语·宪问》

齐桓之功，为霸之首。九合诸侯，一匡天下。——《短歌行》

4 法家的朋友圈

管仲
代表齐氏集团真诚感谢诸位董事长、CEO莅临葵丘参加宴会，特别感谢周氏集团董事长赠送的礼物，祝愿各大公司来年业绩蒸蒸日上，行业发展越来越好。（鼓掌表情）

周襄王：祝大会一切顺利。

楚成王：羡慕嫉妒恨。

宋襄公：羡慕嫉妒恨。

秦穆公：羡慕嫉妒恨。

公子重耳（未来的晋文公）：羡慕、嫉妒、恨。

孔子（来自一百年后的评论）：如果没有管仲，我们就都要变成野蛮人了。

曹操（来自八百年后的评论）：九合诸侯，一匡天下！👍👍👍

由于管仲一生的大部分时间都投身于政治而非学术，因此通常不被视作先秦诸子之一。但后人根据他生前言行所撰写的《管子》一书，在后世被先后纳入"道家"与"法家"学派的代表作中。

【不懂就释】

《管子》所属学派：《汉书·艺文志》中将《管子》列为道家作品，而《隋书·经籍志》则将《管子》列为法家作品。

4 法家的朋友圈

诸子日报 V：法家代表作《管子》经典语录，摘抄送给大家：

1. "一言得而天下服，一言定而天下听"，公之谓也。
2. 圣人能生法，不能废法而治国。
3. 法者，天下之仪也，所以决疑而明是非也，百姓所县命也。
4. 观国者观君，观军者观将。
5. 律者，所以定分止争也。
6. 善人者人亦善之。
7. 事者生于虑，成于务，失于傲。

转发 10 万　　评论 1 万　　点赞 15 万

孔子

管仲相桓公，霸诸侯，一匡天下，民到于今受其赐。

司马迁

管仲既用，任政于齐，齐桓公以霸，九合诸侯，一匡天下，管仲之谋也。

李靖
若乐毅、管仲、诸葛亮，战必胜，守必固，此非察天时地利，安能尔忽？

司马贞
夷吾成霸，平仲称贤。粟乃实廪，豆不掩肩。转祸为福，危言获全。孔赖左衽，史忻执鞭。成礼而去，人望存焉。

苏洵
管仲相威公，霸诸侯，攘夷狄。终其身齐国富强，诸侯不敢叛。

梁启超
管子者，中国之最大政治家，而亦学术思想界一巨子也。

商鞅：秦制创始人

人物档案

姓名： 商鞅、卫鞅、公孙鞅

字： 无

后世尊称： 商君

所处时代： 战国

生卒年： 约公元前 390 年—前 338 年

出生地： 帝丘（今河南宛阳或河南濮阳）

祖籍： 卫国

主要身份： 政治家、改革家、思想家

工作经历： 中庶子、左庶长、大良造

主要成就： 商鞅变法

主要作品： 《商君书》

朋友圈名人：
朋友： 申不害、慎到、公子卬、赵良
国君： 卫慎公、秦孝公、魏惠王、秦惠文王

趣说诸子百家

大约公元前1046年,周武王姬发率领诸侯讨伐暴君纣王,成功消灭了商朝,建立西周。随后,姬发将一块名为"康"的土地分封给了自己的弟弟康叔。

> 这块土地就封给你了,你要好好治理哟。

> 嗯,我一定会好好看管的。

几年后,姬发去世,西周爆发了著名的三监之乱,管叔、蔡叔、霍叔联合纣王之子武庚起兵造反。在镇压叛军的过程中,康叔一直坚定地站在周公一方,因此战争胜利后,周公便将原本封给三监的国土转封给了康叔,让他在这片土地上建立了卫国。

4 法家的朋友圈

> 这个太小了，我给你换块大的！

在整个西周乃至春秋早期，卫国都是全天下最强大的几个诸侯国之一。然而，时过境迁、沧海桑田，至战国初期，卫国已沦落为一个二流小国，在齐、魏、楚、赵等强国的夹缝之中艰难求存。而在公元前390年左右，卫国公族之中迎来了一位新成员，当时人们根据取名习惯，将他称作卫鞅或公孙鞅。

【不懂就释】

公族：春秋时期至战国前中期，各国国君都互相称对方为"公"。因此国君的家族就被称作公族，国君的儿子就被称作公子，国君的孙子就被称作公孙。

趣说诸子百家

卫慎公
想当年我国先祖卫武公时期,卫国何等强大!如今卫国传到寡人手中,怎么就变成现在这个样子了?

鲁穆公:唉,同病相怜啊,想当年我祖上可是周公。

卫慎公 回复 **鲁穆公**:与君共勉!

魏武侯:皮又痒了?

卫慎公 回复 **魏武侯**:岂敢岂敢!大哥,你是了解我的,我一直是最听大哥话的。

齐太公:老怀念祖上算什么?能白手起家才叫能耐!

卫慎公 回复 **齐太公**:你个篡位的家伙就别说话了。

齐太公 回复 **卫慎公**:哟呵,骨头硬了,敢这么跟我说话?

卫慎公:@魏武侯,大哥,齐国要打你小弟了。

齐太公:@楚悼王,兄弟,我们把卫国瓜分了吧。

楚悼王 回复 **齐太公**:🤝🤝🤝

楚悼王 回复 **魏武侯**:好久没干架了,来练一练?

4 法家的朋友圈

卫鞅出生之前，中华大地上正在进行着一场巨大的历史变革——铁制农具的普及。

相比过去的铜制或石制农具，铁制农具要更加坚固耐用，这也让大量曾经无法开垦的土地得以开垦，生产能力得到了大幅度提升。可是，当时各诸侯国所通用的制度还是井田制，也就是只允许农民耕种贵族指定的土地，这就造成了生产力的极大浪费。

一个叫李悝的人最先发现了这一法律的不合理性，认为需要改变，于是他在魏国主持了一场轰轰烈烈的变法运动，史称"李悝变法"。

趣说诸子百家

李悝
从今天起，废除井田制，百姓可以自行开荒，开出来的田就是你们的私田，所有私田都受到法律保护。

魏国贵族：可恶，老百姓都去开垦私田了，那谁来种我们的公田啊？

李悝 回复 **魏国贵族**：别急，我还有别的法律，很快你们的公田就没了。

魏国贵族 回复 **李悝**：什么？你个乱臣贼子！

魏文侯：支持相邦！

魏文侯 回复 **魏国贵族**：怎么，你不服气吗？

魏国贵族 回复 **魏文侯**：臣……臣不敢……但李悝也太过分了。

李悝 回复 **魏文侯**：必须削减贵族的特权，让百姓自由开垦，才能最大限度地利用土地，增加国家的总体财富，国家才会强盛！

魏文侯 回复 **李悝**：办，尽管办！谁不服我办他！

慎到（来自二十年后的评论）：😭😭😭

申不害（来自二十年后的评论）：😢😢

卫鞅（来自二十年后的评论）：😢😢

4 法家的朋友圈

【引经据典】

> 是时，李悝为魏文侯作尽地力之教，以为地方百里，提封九万顷。——《汉书·食货志》

李悝变法是战国时期的第一场大规模政治改革。变法后的魏国在群雄之中迅速崛起，数十年之内，魏国西破强秦，北吞中山，称霸中原，传至魏文侯之孙魏惠王时，淮泗十二诸侯皆认魏国为盟主，以至于整个战国早期都是魏国一家独大的局面。

趣说诸子百家

　　李悝在魏国变法的巨大成功吸引了相当多的士人钻研起了他的变法内容，并在此基础上不断推陈出新，逐渐形成了一个全新的学派——法家。

　　公元前382年，李悝的同僚吴起跑到楚国，效仿李悝的理论，开启了吴起变法，他的变法同样使得楚国再度复兴。由此，战国历史进入了一个变法狂潮的时代。二十年后，年轻的卫鞅走出家门，来到了魏国，他想亲眼见证一下变法后的社会样貌。

【引经据典】

> 昔者魏王拥土千里，带甲三十六万，其骄而拔邯郸，西围定阳，又从十二诸侯朝天子以西谋秦。——《战国策·齐第五》

4 法家的朋友圈

吴起
要没收贵族的财产、土地、官职，将没收来的这些投入军事领域，用来奖励有战功的人。

楚国贵族：什么？你要没收我的土地？

吴起：是的，没有战功就不准拥有土地。

楚国贵族：我家祖先当年跟着先王打下江山的时候，早把我这辈子的战功都挣完了，你算哪根葱？那时候有你吗？

楚悼王 回复 楚国贵族：给我闭嘴，按令尹说的办！

吴起 回复 楚悼王：多谢大王支持！只有将被贵族控制的土地、财富、官职空出来，立下军功的将士们才能拥有晋升的空间。

楚悼王 回复 吴起：你尽管办，谁不服我办他！

慎到（来自十年后的评论）：😢😢😢

申不害（来自十年后的评论）：😢😢😢

卫鞅（来自十年后的评论）：😢😢😢

魏国是战国早期最强大且制度最先进的国家，李悝、吴起都曾在魏国担任官职。因此，卫鞅来到魏国后，非常容易便接触到了这二位前辈所留下的著作。在这里，他如饥似渴地学习前人的思想，并推陈出新，总结出了很多自己的心得。

后来，卫鞅成了魏国相邦公叔痤的家臣，跟随公叔痤四处处理政务，积累了丰富的工作经验。公叔痤看出了卫鞅是个人才，并在公元前361年自己病重之时向魏惠王推荐了他，可惜，这次推荐并未获取魏惠王的重视。

不久，公叔痤病逝，卫鞅失去了中庶子的职位，不知该前往何处。就在此时，一封来自秦国的求贤令映入他的眼中。

【引经据典】

楚悼王素闻起贤，至则相楚。明法审令，捐不急之官，废公族疏远者，以抚养战斗之士。——《史记·孙子吴起列传》

4 法家的朋友圈

公元前 361 年，卫鞅来到秦国，通过秦孝公的宠臣景监见到了这位书写求贤令的国君。随后，卫鞅便开启了自己的三轮面试。其中第一轮与第二轮都不幸失败，理由是卫鞅前两次讲述的强国方案实践起来都太过漫长，而秦孝公想要"快"的。

趣说诸子百家

秦孝公：我秦国曾经也是一大强国，结果传到前几代君主时不幸遭遇内乱，被魏国抢占了河西之地，天下诸侯都看不起我们，这真是耻辱啊！如今，不管你是来自什么地方的人，不管你是什么文凭，只要能够帮我将秦国变强，我就给你高薪，分你股份！

魏惠王：😏😏😏

赵成侯：😊😊😊

韩昭侯：😊😊😊

申不害：好土……

慎到：朴实无华的招聘，可惜齐、楚这样的强国才适合我。

卫鞅：霸气侧漏！👍👍👍

【引经据典】

三晋攻夺我先君河西地，丑莫大焉……宾客群臣有能出奇计强秦者，吾且尊官，与之分土。——《资治通鉴·周纪二》

4 法家的朋友圈

于是，卫鞅放弃了自己心中实践"帝道"与"王道"的理想，转而提出了一套连他自己都认为副作用极大的"霸道学说"。没想到，秦孝公大为欣喜，当场决定重用卫鞅。

> 可惜……

> 寡人重用你了！

在正式启动变法前，秦孝公召群臣商议变法相关内容，有大臣以坚持传统等理由反对变法，却被卫鞅当场驳斥。最终，秦国贵族无一人能在道理上说过卫鞅，于是秦孝公便任命卫鞅为左庶长（相当于秦国宰相），开启了变法大业。

【引经据典】

> 吾说公以帝道，其志不开悟矣……吾说公以王道而未入也……吾说公以霸道，其意欲用之矣。——《史记·商君列传》

变法讨论群（30）

秦孝公
是否推行变法，大家各抒己见。

甘龙
法律应该顺应百姓的意愿，而非违背。如今变法会改变秦国的风俗、习惯，我认为不好。

卫鞅
智慧的人制定法律，愚昧的人遵守法律，自古都是如此。春秋五霸各自遵循的法律内容都不一样，可天下人不都臣服于他们吗？

杜挚
治理国家，必须效法古人才不会犯错，可如今变法就大大违背了古人之意。

卫鞅
夏、商、周三朝的法律都不相同，请问要效仿哪一位古人？

杜挚
这……

秦孝公
寡人决定，推行变法！

4 法家的朋友圈

在正式开启变法前，卫鞅先在首都的南门立了一根柱子，声称谁能将木柱搬到北门，就给十金奖励。众人都感觉奇怪，不敢上前，于是卫鞅把奖金数额不断提高，提到五十金时，终于有人心动了。当这个人按照规定完成了木柱的搬运后，卫鞅当即将奖金全部发放，通过这种做法提高了变法的公信力。

【引经据典】

前世不同教，何古之法？帝王不相复，何礼之循？——《商君书·更法》

趣说诸子百家

　　卫鞅的变法内容结合了此前李悝变法与吴起变法的精髓，重点放在废除贵族特权，加强君主权力，废除井田制，鼓励土地私有化，制定军功奖惩制度，鼓励百姓参军等上。十余年下来，成果斐然。

　　卫鞅在秦国主持变法的同时，韩国宰相申不害、齐国名士慎到也在推广自己的思想。他们三人的思想理论相近，被后世统称为法家三派。

　　公元前341年，魏国与齐国爆发了著名的马陵之战。在这场战役中，魏国名将庞涓败给了齐国军师孙膑，魏军精锐几乎全军覆没，国力大受损伤。秦孝公看准时机，让卫鞅出兵收复被魏国占领的河西之地。

4 法家的朋友圈

卫鞅
百姓私斗，严罚！战场立功，重赏！在这两条法律下，秦国百姓已经完全撇弃了私斗传统，勇于上战场立功了。

申不害：你这套不行，法律的设计不应该太过清楚，需要给出一定的模糊空间，让掌权者有解释权，这样才能完美地操纵权柄。

卫鞅 回复 申不害：哼，歪门邪道。

申不害 回复 卫鞅：你这才是歪门邪道！

慎到 回复 申不害：法律必须公平，这点我支持卫鞅。

慎到 回复 卫鞅：但法律必须顺应人的习性，而非违逆人的本性，这点我又不支持你了。

卫鞅 回复 慎到：我已经通过实践证明了，法律完全可以塑造人性，你那套未经实践的理论已经过时了。

公子卬：鞅，近来可好？

卫鞅 回复 公子卬：一切都好，我终于找到大展拳脚的舞台了。

公子卬 回复 卫鞅：虽然我们各为其主，但我真心为你感到高兴。

卫鞅 回复 公子卬：无论世事如何变化，我们的友情始终不会改变。

趣说诸子百家

公元前340年，卫鞅率领秦军攻打魏国，魏国派出公子卬抵挡秦军。恰好公子卬与卫鞅曾经是朋友，于是卫鞅以私人名义邀请公子卬前往秦军之中叙旧，乘机绑架了公子卬，随后轻松击败失去了主将的魏军。

4 法家的朋友圈

公子卬战败后，魏国割让了河西的部分土地与秦国议和。卫鞅凭此一战树立了自己在秦国的至高威望，秦孝公也兑现了自己在求贤诏中的诺言，将於、商十五座城邑分封给了卫鞅，赐号商君。从此，人们对他的称呼从卫鞅、公孙鞅改为商鞅。

尽管商鞅在秦国主持变法期间，文治武功都极其突出，但他所制定的制度，乃至他本人对事务的处理方式都存在着巨大的隐患。

首先就是商鞅信奉用严刑峻法治理国家，因此制定的法律过于严苛。在秦国，乱扔垃圾就会被处以重刑，议论法律会被流放，五家之中有一家犯法，其他四家都会被问罪，以至于罪犯数量过多，甚至出现过七百名囚犯在一天之内被全部处死的情况，百姓时刻生活在恐惧之中。

其次就是商鞅在变法期间极大地损害了秦国贵族的利益，这些人大多不敢抱怨国君，便都怨恨商鞅。而十分凑巧的是，商鞅曾经深深得罪过秦国的太子，这便为他后来的悲剧结局埋下了隐患。

趣说诸子百家

商鞅
在此宣布，从今以后，请称呼我为商鞅，或者商君，谢谢。

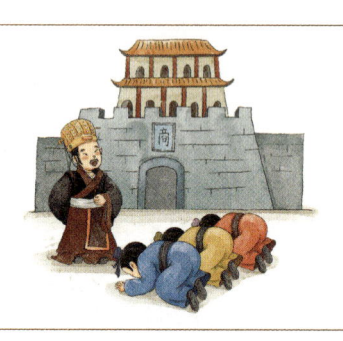

申不害：厉害，竟然都封爵了！👍👍

商鞅 回复 申不害：彼此彼此，你在韩国干得如何？

申不害 回复 商鞅：还行吧，但封爵就没指望了。

慎到：🙏🙏 恭喜恭喜。

商鞅 回复 慎到：😎😎 老哥在齐国干得如何？

慎到 回复 商鞅：只谈学术，不谈政治，这辈子怕是没机会像你和申不害那样实践了。

公子卬：呵呵，好一个商君，这封君的地位可是靠出卖朋友换的！

商鞅 回复 公子卬：都是成年人了，别像小时候那样幼稚行吗？

赵良：地位越高，越要当心啊。

商鞅 回复 赵良：你是什么意思？

赵良 回复 商鞅：没什么，不用放在心上。

4 法家的朋友圈

【引经据典】

卫鞅既破魏还，秦封之於、商十五邑，号为商君。——《史记·商君列传》

> 你们是怎么被关进来的？

> 我支持商君新法，所以被关了。

> 我反对商君新法，所以被关了。

【引经据典】

步过六尺者有罚，弃灰于道者被刑，一日临渭而论囚七百余人。渭水尽赤，号哭之声动于天地，畜怨积仇比于丘山。——《新序》

变法讨论群（30）

商鞅
君上，太子犯法了，依法应当处以严刑。

秦孝公
太子是储君，你也要处置？

商鞅
如果君上一定要坚持的话，可以不处置太子，但这样一来，太子的老师就应该替太子受罚。

公子虔
你的意思是要罚我们？

公孙贾
我们可没反对过你！

商鞅
这与是否反对无关，如果法律不能得到严格执行，国家就会出现动乱。

秦孝公
唉，就这么办吧。

4 法家的朋友圈

公元前338年,一生力挺商鞅的秦孝公去世,当年差点被商鞅处刑的太子嬴驷即位,史称秦惠文王。眼看着商鞅的仇人成了国君,曾经那些被压制的反商鞅势力纷纷站了出来,开始罗织罪名构陷商鞅。

很快,商鞅就收到了逮捕自己的消息,于是他连夜出逃,中途曾打算在客舍住宿,结果客舍老板告诉他:"根据商君的法律,让来路不明的人住宿是会被连坐的。"这件小事既体现了商鞅在秦国变法的成功,也为他的人生带来了一丝黑色幽默。

【引经据典】

> 将法太子。太子，君嗣也，不可施刑，刑其傅公子虔，黥其师公孙贾。——《史记·商君列传》

不久之后，商鞅逃回了封地，企图发动封地的百姓武力抵抗抓捕，结果却是以卵击石，他被自己亲自打造出的强悍秦军击败并活捉，随后他又被自己亲自设计的法律判处了车裂之刑，并且全家连坐。

【引经据典】

> 商君亡至关下，欲舍客舍。客人不知其是商君也，曰："商君之法，舍人无验者坐之。"商君喟然叹曰："嗟乎，为法之敝一至此哉！"——《史记·商君列传》

商鞅被处死了，但秦国的新法并未因此废除。老谋深算的秦惠文王虽然杀了商鞅，却保留了商鞅所制定的制度。

后来，商鞅为秦国所制定的制度在战国时代不断发挥着巨大的威力，帮助秦国击败了一个又一个竞争对手，最终一统天下。可以说，秦朝的建立，与商鞅变法的成功是分不开的。

4 法家的朋友圈

秦惠文王
以后所有的乱臣贼子，都是这个下场！

贵族甲：哈哈哈，这个浑蛋终于死了！

百姓甲：支持，我家好几个人都是被这家伙的法律弄死的。

百姓乙：啥时候能废除连坐啊？

贵族乙 回复 百姓乙：是应该废除，还要把那该死的军功爵制度给一道废了。

百姓乙 回复 贵族乙：军功爵制度可不能废，我现在就指望儿子能靠打仗立功呢。

贵族丙 回复 贵族乙：这帮愚民，居然还有支持新法的。

将军甲 回复 贵族丙：我就是靠军功爵制度当上将军的，我觉得新法很好！

贵族丙 回复 将军甲：我知道了，你就是商鞅的党羽！@ 秦惠文王

秦惠文王：怎么回事？我也觉得新法很好啊，犯罪的是商鞅个人，又不是新法。😐😐😐

贵族丙 回复 秦惠文王：💀💀💀

趣说诸子百家

商君新法可真好用啊!

然而,商鞅制定的制度过于重视农耕与战斗,对文化、艺术、商业等领域则采取打压甚至敌对的态度,这些制度在后世并没能得到很好的调整,以至于在学术思想如此繁荣的战国时期,秦国本土竟然没有诞生过任何一位思想家,后世的政治家对商鞅的评价也因此褒贬不一。

文化荒漠

秦国

4 法家的朋友圈

诸子日报 V：法家代表作《商君书》
经典语录，摘抄送给大家：

1. 圣人之为国也，观俗立法则治；察国事本则宜。
2. 圣王者，不贵义而贵法。法必明，令必行，则已矣。
3. 有功于前，有败于后，不为损刑。有善于前，有过于后，不为亏法。
4. 胜法之务莫急于去奸，去奸之本莫深于严刑。
5. 治国刑多而赏少。
6. 重罚轻赏，则上爱民，民死上；重赏轻罚，则上不爱民，民不死上。
7. 民弱国强；民强国弱。故有道之国务在弱民。

转发 10 万　　评论 1 万　　点赞 15 万

蔡泽
夫商君为秦孝公明法令、禁奸本。尊爵必赏，有罪必罚……故秦无敌于天下，立威诸侯，成秦国之业。

李斯
孝公用商鞅之法，移风易俗，民以殷盛，国以富强，百姓乐用，诸侯亲服。

贾谊
商君违礼义，弃伦理，并心于进取，行之二岁，秦俗日败。

桑弘羊
昔商君相秦也，内立法度，严刑罚，饬政教，奸伪无所容。

司马迁
商君，其天资刻薄人也。

诸葛亮
商鞅长于理法，不可以从教化。

桓范
夫商鞅、申、韩之徒，贵尚谲诈，务行苛刻。废礼义之教，任刑名之数，不师古始，败俗伤化。

王安石
自古驱民在信诚，一言为重百金轻。今人未可非商鞅，商鞅能令政必行。

毛泽东
商鞅之法良法也。今试一披吾国四千余年之纪载，而求其利国福民伟大之政治家，商鞅不首屈一指乎？

韩非子：身在秦营心在韩

人物档案

姓名：韩非

后世尊称：韩子、韩非子

所处时代：战国晚期

生卒年：约公元前 280 年—前 233 年

出生地：韩国新郑（今河南新郑）

主要身份：思想家、哲学家

工作经历：士人、使者

主要成就：法家思想集大成者

主要作品：《韩非子》

朋友圈名人：
同门：荀子、李斯
对手：姚贾
国君：秦王嬴政（秦始皇）、韩王安

趣说诸子百家

　　韩非的祖先可溯至周武王之子叔虞。周武王英年早逝，年幼的周成王即位。有一次，成王和弟弟叔虞玩游戏，他从桐树上摘下一片叶子递给叔虞，说："我将这个封给你。"站在两人身旁的史官听到后便告诉成王："君无戏言，既然说了要封，以后就一定得封。"就这样，叔虞成了晋国的开国君主。

这个封给你。

君无戏言啊。

　　到了春秋时期，晋国开始对外扩张，兼并了大量诸侯国，并将兼并的土地分封给自家子侄。其中有一个叫姬万的子弟被封到了一处名为"韩"的地方，于是他根据当时的习惯，将氏改为韩，史称韩武子。

　　至春秋末年，晋国君主权力衰微，韩氏、赵氏、魏氏三家贵族实力壮大，于是逐渐瓜分了晋国，成为独立诸侯，史称三家分晋。韩非便是韩国的王族后裔了。

4 法家的朋友圈

韩景侯
明年的今天,就是我们老韩家成为侯爷的纪念日。

赵烈侯:三家友谊,牢不可破!

魏文侯:友谊牢不可破,但不要忘了谁是大哥。

韩景侯 回复 魏文侯:当然,您永远是我们的大哥。

晋烈公:你们三家,曾经都是我的家臣。

韩景侯 回复 晋烈公:家臣怎么啦,都是一个祖宗!

周威烈王:明明是我册封的你们仨,怎么一句话都没提到我?

【引经据典】

二十三年,初命晋大夫魏斯、赵籍、韩虔为诸侯。——《资治通鉴·周纪一》

尽管韩国为战国七雄之一，但是在大多数时候，韩国都稳居七雄中倒数第二的"宝座"，仅强于北方的燕国，偶尔还会被燕国超越，沦落为倒数第一。

倒数第一争夺战

秦国崛起后，由于韩国刚好挡在秦国向西扩张的路线上，因此多次被秦军攻打。到韩非出生时，韩国已经是摇摇欲坠，危在旦夕了。

因此，身为韩国王族公子，韩非从幼年起，就时刻处在国

吃饭，睡觉，打韩国。

4 法家的朋友圈

破家亡的威胁之下,这导致他的学术思想与先秦时期的其他思想家不同,从一开始便有着极强的目的性——不惜一切代价拯救韩国。为此,他选择跟随当时全天下最有名的学者——荀子大师学习帝王之术。

【引经据典】

> 舜逼尧,禹逼舜,汤放桀,武王伐纣。此四王者,人臣弑其君者也,而天下誉之。——《韩非子·说疑》

荀子在儒家思想的基础上融合了许多其他学派的思想,尤其是法家与道家的观念,这些思想深深启发了韩非。在荀子门下,韩非的学习一直是最好的,就连同为荀子弟子的楚国名士李斯都自认比不上他。

> 你真是个天才啊。

> 有什么了不起的?

李斯

儒家 3.0 之性恶论讨论群（30）

荀子
你们对性恶论怎么看？

李斯
我觉得老师说得太绝对了一些。

韩非
不，我认为老师说得很对。人性就是贪婪的、愚昧的、无可救药的。

荀子
这……何以见得？

韩非
上古的舜、禹、商汤、周武王不都是乱臣贼子吗？可百姓如今却都称颂他们。

李斯
……

荀子
韩非，你有点太极端了。

4 法家的朋友圈

然而，在跟随荀子学习的过程中，韩非逐渐发现，儒家思想根本无法快速实现自己富国强兵的梦想，无法使韩国摆脱当下的危局。想要实现自己的救国梦，就必须使用更加高效、更加极端的做法。

几年后，自认为已经学不到什么东西的韩非告别了老师，返回了韩国。随后，他便走进了韩国的书库，取出了一套前人留下的竹简——《申子》。

当年李悝变法使魏国上下焕然一新，隐隐有天下第一强国的气魄，极大地激发了天下士人对法家学说的热情。因此，在李悝之后，几乎同一时期，天下同时诞生了三名法家人才，即商鞅、慎到与申不害。

> 学儒救不了韩国！

趣说诸子百家

韩非
救韩国只有一条路，即富国强兵！

李斯：所以，你要背弃儒家了吗？

韩非 回复 李斯：你不也偷看《商君书》吗？

荀子：唉，搞学术切忌心浮气躁，必须一步一步，脚踏实地，慢慢来。

韩非 回复 荀子：老师，我没有不尊重您的意思。但，韩国没有时间慢慢来了。

【引经据典】

申子之学本于黄老而主刑名。著书二篇，号曰申子。

韩非者，韩之诸公子也。喜刑名法术之学。——《史记·老子韩非列传》

4 法家的朋友圈

这三人中,慎到的理论注重加强中央集权,被称作"势"派;申不害的理论注重君主使用权术驾驭群臣,被称作"术"派;商鞅则注重对法律本身的制定,被称作"法"派。这三人的思想后来被人们统称为法家三派。

在这三派中,只有商鞅真正改变了自己所在的国家秦国。韩国因为四面受敌的恶劣处境,以及历任韩国君主的无能,始终没有发展壮大,但申不害的"术"派思想已深深融入了韩国政治之中。当一百多年后的韩非决心弃儒从法时,他最先开始"修炼"的,便是曾在本国变法的申不害的"术"派思想。

掌握《申子》的思想后,韩非又如饥似渴地翻开了《慎子》与《商君书》。凭借惊人的天赋与不懈的努力,韩非终于将法家的"势""法""术"三派理论全部钻研完毕,并且融会贯通,成了古往今来的第一位法家思想集大成者。

> 一曰众端参观,二曰必罚明威,三曰信赏尽能,四曰一听责下,五曰疑诏诡使,六曰挟知而问,七曰倒言反事。此七者,主之所用也。——《韩非子·内储说上》

趣说诸子百家

韩非
君主想要驾驭群臣，有七种办法：一是多方观察，二是重罚立威，三是不吝赏赐，四是倾听督责，五是假意委任，六是明知故问，七是故弄玄虚。

韩王安：这都是什么玩意？

韩非 回复 **韩王安**：大王，这些都是申子留下的治国良策啊。

韩王安 回复 **韩非**：申不害的这套东西要是有用，我韩国会混到如今这种地步吗？

申不害（穿越时空的评论）：厉害，年纪轻轻竟然学到了我的思想精髓。

商鞅（穿越时空的评论）：然而"术"派思想仍然存在局限，想要发挥最大威力，还需"法""术"结合。

慎到（穿越时空的评论）：在"法""术"结合的基础上还要强调以"势"为核心！

韩非：以"势"为核心，"法"为基础，"术"为手段……我悟了！

【引经据典】

非为人口吃，不能道说，而善著书。——《史记·老子韩非列传》

4 法家的朋友圈

然而，当韩非试图运用自己所学所悟的思想去改变韩国的现状时，却遭遇了极大的阻碍。由于自身口吃，当时的韩王根本听不进他的长篇大论，对他的主张和建议弃如敝屣。

大……大……大……大……大王……请一定……一定……定……定要……

话都不会说的人能有什么好建议！

趣说诸子百家

韩非
说难，想要说服他人，真的很难。

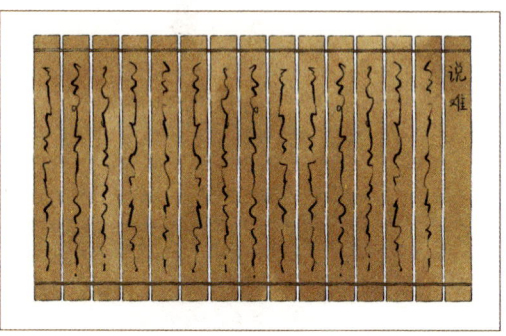

韩王安：你发这些内容是在埋怨寡人吗？

李斯：侍奉昏君，不容易啊。

韩非 回复 李斯：是啊，所以我又写了一篇《孤愤》。

李斯 回复 韩非：你别急，或许我能帮你大展拳脚。

韩非 回复 李斯：罢了，我并没有跳槽的想法，既然身为韩国宗室，我的心中便只有韩国。

李斯 回复 韩非：……

秦王嬴政：终于找到你了！

【引经据典】

悲廉直不容于邪枉之臣，观往者得失之变，故作《孤愤》《五蠹》《内外储》《说林》《说难》十余万言。——《史记·老子韩非列传》

4 法家的朋友圈

正当韩非在韩国境内郁郁不得志之时,隔壁的秦国却在发生一件大事——年仅二十一岁的秦王嬴政扫平了外戚、权臣等阻碍势力,并定下了扫平六国、一统天下的目标。

秦王扫六合,虎视何雄哉!挥剑决浮云,诸侯尽西来。

而就在秦王嬴政思考着自己亲政后应该用什么样的手段来治理国家之时,有人不失时机地向他递上了韩非撰写的著作。嬴政看完,惊呼道:"寡人若能见到此书作者,死而无憾!"

就这样,在弱小的韩国被视作无用之人的韩非,竟然将强大的秦国国君变成了自己的"粉丝"。而当嬴政从在秦国做官的李斯口中得知韩非的身份后,立刻展开了史上最大成本的"追星"运动——发动战争!

好！好，太好了！写得太好啦！

【引经据典】

人或传其书至秦。秦王见《孤愤》《五蠹》之书，曰："嗟乎，寡人得见此人与之游，死不恨矣！"——《史记·老子韩非列传》

【引经据典】

李斯曰："此韩非之所著书也。"秦因急攻韩。韩王始不用非，及急，乃遣非使秦。——《史记·老子韩非列传》

4 法家的朋友圈

秦韩停战协议群（5）

韩王安
不知韩国哪里得罪了贵国，竟召来了贵国大军……

李斯
我们秦国想打谁就打谁，还需要理由吗？

韩王安
这……贵国如何才肯退兵呢？

李斯
想让我国退兵容易，派公子韩非作为使臣入秦吧。

韩王安
公子韩非？

李斯
韩非早上入秦，晚上我国便退兵。

韩王安
好，好，我马上去准备。

趣说诸子百家

先生不用客气,有什么要求尽管开口。

在秦国的武力威逼下,韩王安被迫以遣使的名义将韩非送到了秦国。韩非进入秦国后,起初受到了秦王嬴政的热情招待。

多谢大王厚爱,但我毕竟是韩国臣子,收下这些不合适。

此时,只要韩非能够改变态度,一心一意为秦王服务,那等待他的将是无尽的富贵与名望。凭借他的才华与秦王对他的信任,韩非完全可以一展平生所学,成为超越商鞅、申不害的政治家,在史书上以协助秦王一统天下的功臣身份名垂青史。但他没有。

韩非自始至终都没忘记,自己只有一个祖国,那就是韩国。

4 法家的朋友圈

天下归一（30）

嬴政
韩非先生最近有什么新作吗？

韩非
有，这是我的新作《存韩》。

嬴政
《存韩》？这是什么意思？

韩非
希望大王能够留下韩国，让韩国作为秦国盟友，这样有助于大王更快地一统天下。

姚贾
哈哈哈，韩国正好位于秦国的东大门上，怎么可能留下它？

韩非
可以先攻打赵国、齐国，赵、齐一灭，韩国自然俯首称臣，根本不用攻打。

嬴政
寡人累了，改天再讨论。

趣说诸子百家

韩非在秦国每次与秦王讨论学术，总要搬出自己"存韩"的想法，试图让秦王嬴政暂缓对韩国的攻势，甚至接受与韩国共存。可是从战略角度来看，灭掉韩国无论如何都是最优解。韩非执意要保全韩国的做法与嬴政的志向产生了根本性的分歧。

> 韩国最弱，必须先灭！

> 灭韩之后，更好灭赵、灭魏！

> 存……存……存……存韩……韩，韩国……国国……不能灭……灭

> 大王，要灭韩！

【引经据典】

> 从韩而伐赵，赵举与齐为一，不足患也。二国事毕，则韩可以移书定也。——《韩非子·存韩》

4 法家的朋友圈

天下归一（30）

嬴政
寡人最近一直在想一件事。

李斯
王上是在想韩非的事情吗？

嬴政
是的，寡人在想，一旦韩国灭亡，他无家可归，最终不就只能效忠于寡人了吗？

李斯
……

嬴政
没错，就是这样，寡人不该把他关起来。李斯，你去把他放了吧。

李斯
迟了，陛下……他已于昨日服毒自尽了。

趣说诸子百家

而韩非在秦国的迅速爆红，也引发了一些秦国大臣的嫉妒，就连曾经引荐过韩非的李斯，都对自己的这位同窗产生了别样的情绪。

嫉妒最终战胜了曾经的同窗之情。李斯联合姚贾等秦国大臣在秦王面前不断诋毁韩非，称他始终是韩国人，不会为秦国效力。终于，秦王一时不察，同意将韩非下狱。

【引经据典】

> 李斯使人遗非药，使自杀。韩非欲自陈，不得见。秦王后悔之，使人赦之，非已死矣。——《史记·老子韩非列传》

当时，李斯在秦国担任执掌司法的廷尉一职。韩非下狱后，李斯立刻切断了他与外界的联系，随后送了他一杯毒酒作为最后的礼物。

师兄，敬你。

4 法家的朋友圈

韩非死后，秦王派人将他的著作整理、编撰，最终编成了《韩非子》一书。后来，秦王嬴政成功统一天下，建立秦朝，成为著名的秦始皇。秦始皇在治国期间所颁布的无数条施政纲领中，便有许多源自《韩非子》的理论。

然而，也正因为韩非在理论中过度强调人性之恶，过度忽视百姓对暴政的承受能力，以为君主只要手握大权就能江山永固，忽视了君王的权力源自人民，最终，秦国灭亡了。而《韩非子》作为一部饱含争议的作品，在后世流传了数千年。

趣说诸子百家

诸子日报 V：法家代表作《韩非子》

经典语录，摘抄送给大家：

1. 事在四方，要在中央。圣人执要，四方来效。
2. 狡兔尽则良犬烹，敌国灭则谋臣亡。
3. 夫严家无悍虏，而慈母有败子。
4. 爱多者，则法不立；威寡者，则下侵上。
5. 江海不择小助，故能成其富。
6. 夫妻者，非有骨肉之恩也，爱则亲，不爱则疏。
7. 人主之患在于信人，信人，则制于人。

转发 10 万　　　评论 1 万　　　点赞 15 万

司马迁

韩子引绳墨，切事情，明事非，其极惨礉少恩。

王充

韩子之术，明法尚功。贤无益于国不加赏；不肖无害于治不施罚。

4 法家的朋友圈

司马光
今非为秦画谋,而首欲覆其宗国以售其言,罪固不容于死矣,乌足愍哉!

陈启天
战国时,诸子百家争鸣而最合其时势之显学厥为法家。法家之集大成者,当推韩非。

毛泽东
韩非子师从于荀子,战国时期法家的代表人物,他提出的法治、术治、势治三者合一的封建君王统治术,对后世影响很大。

钱穆
先秦学术思想,由韩非来做殿军。那是中国思想史里一黑影,一污点。

© 中南博集天卷文化传媒有限公司。本书版权受法律保护。未经权利人许可，任何人不得以任何方式使用本书包括正文、插图、封面、版式等任何部分内容，违者将受到法律制裁。

图书在版编目（CIP）数据

趣说诸子百家 / 周建华，魏无忌著；诗意文化主编. 长沙：湖南文艺出版社，2025.6. --ISBN 978-7-5726-2426-1

Ⅰ.B22-49

中国国家版本馆 CIP 数据核字第 20255V2T18 号

上架建议：通俗历史

QUSHUO ZHUZI BAIJIA
趣说诸子百家

著　　者：周建华　魏无忌
主　　编：诗意文化
出 版 人：陈新文
责任编辑：匡杨乐
监　　制：邢越超
特约策划：李彩萍
特约编辑：王　屿
营销支持：周　茜
装帧设计：利　锐
出　　版：湖南文艺出版社
　　　　　（长沙市雨花区东二环一段 508 号　邮编：410014）
网　　址：www.hnwy.net
印　　刷：三河市中晟雅豪印务有限公司
经　　销：新华书店
开　　本：875 mm × 1230 mm　1/32
字　　数：130 千字
印　　张：7.5
版　　次：2025 年 6 月第 1 版
印　　次：2025 年 6 月第 1 次印刷
书　　号：ISBN 978-7-5726-2426-1
定　　价：49.80 元

若有质量问题，请致电质量监督电话：010-59096394
团购电话：010-59320018